中国人民大学
习近平新时代中国特色社会主义思想研究院
The Academy of Xi Jinping Thought on Socialism with Chinese Characteristics for a New Era,
Renmin University of China

中国式现代化的鲜明特色研究系列
总主编　张东刚　林尚立

GZC 高校主题出版
GAOXIAO ZHUTI CHUBAN

人口规模巨大的
中国式现代化

陶涛　著

中国人民大学出版社
·北京·

总　序

概括提出并深入阐述中国式现代化理论，是党的二十大的一个重大理论创新，是科学社会主义的最新重大成果，也是对世界现代化理论和实践的重大创新。党的二十大报告明确概括了中国式现代化五大方面的中国特色，深刻揭示了中国式现代化的科学内涵，是中国式现代化理论的基础组成部分。这既是理论概括，也是实践要求，为全面建成社会主义现代化强国、实现中华民族伟大复兴指明了一条康庄大道。

选择什么样的现代化道路、怎样选择现代化道路，是世界各国人民在谋求现代化时必须首先回答的基本问题。对这个基本问题的回答，首先要把握好现代化的基本方向。能否选择正确的方向，对一个国家的现代化事业的发展成效乃至成败，起着决定性作用。只有方向搞对了，目标任务、政策举措才能对头，发展行动才能对路。以人口规模巨大、全体人民共同富裕、物质文明和精神文明相协调、人与自然和谐共生、走和平发展道路为突出特色的中国式现代化，是中国人民在探索现代世界发展进程中形成的对这一基本问题的根本回答。这个铿锵有力的回答是中国共产党在深刻总结国内外现代化发展的经验教训、深入分析国内外现代化发展大势的基础上提出来的,集中反映了我国社会主义现代化的发展思路、发展方向、发展着力点,蕴含着博大精深的道理学理哲理。

具有五大方面特色的中国式现代化,根源于中国共产党的百年奋斗历程,根源于中国共产党领导的独特作用。中国人民之所以能够扭转近代以来的历史命运,探索出中国式现代化道路,最根本上是因为有党的领导。中国共产党领导的社会主义现代化,是对中国式现代化的定性,是管总、管根本的,决定着每个特色的性质和内涵。中国共产党在新民主主义革命时期为实现现代化创造了根本社会条件,在新中国成立后为现代化建设奠定了根本政治前提并提供了宝贵经验、理论准备、物质基础,在改革开放和社会主义现代化建设新时期为中国式现代化提供了充满新的活力的体制保证和快速发展的物质条件。党的十八大以来,我们党在已有基础上继续前进,不断实现理论和实践上的创新突破,成功推进和拓展了中国式现代化,为中国式现代化提供了更为完善的制度保证、更为坚实的物质基础、更为主动的精神力量。中国式现代化的内涵,随着历史的演进,不断地发展、不断地丰富。正是在不断总结历史经验的过程中,中国式现代化五大方面的特色逐步上升为规律性认识、凝练成时代内涵,蕴含着深刻的历史逻辑、理论逻辑和实践逻辑。

中国式现代化在遵循现代化一般规律和兼具各国现代化

共同特征的基础上，以一个个鲜明的中国特色，击破了"现代化＝西方化"的迷思，实现了对西方式现代化理论和实践的超越。这五大方面的中国特色，在根本上展现了我们在两极分化还是共同富裕的现代化，物质至上还是物质精神协调发展的现代化，竭泽而渔还是人与自然和谐共生的现代化，零和博弈还是合作共赢的现代化，照抄照搬别国模式还是立足自身国情自主发展的现代化方面的科学选择；在系统上解答了一个国家怎样根据其历史传统、社会制度、发展条件、外部环境等诸多因素选择现代化道路这一重大问题。这五大方面的中国特色，立足经济持续健康发展、制度完善和体制机制变革、文明传承、工业化、全球化等重要方面，精准阐明了世界现代化一般规律和社会主义现代化普遍规律的丰富内容，深刻认识了社会主义现代化国家建设的一系列重大理论和实践问题；不仅回答了如何解决中国现代化的问题，还回答了如何解决世界现代化的实践难题。

人口规模巨大，这是中国式现代化的显著特征。人口规模不同，现代化的任务就不同，其艰巨性、复杂性就不同，发展途径和推进方式也必然具有自己的特点。现在，全球进入现代化的国家也就 20 多个，总人口 10 亿左右。中国 14 亿多人口整体迈入现代化，规模超过现有发达国家人口的总和，将极大地改变现代化的世界版图。这是人类历史上规模最大的现代化，也是难度最大的现代化，将用实践进一步证明如何统筹解决超大规模人口的吃饭、就业、分配、教育、医疗、住房、养老、托幼等一系列现代社会的问题。

全体人民共同富裕，这是中国式现代化的本质特征，也是区别于西方现代化的显著标志。西方现代化的最大弊端，就是以资本为中心而不是以人民为中心，追求资本利益最大化而不是服务绝大多数人的利益，导致贫富差距大、两极分化严重。一些发展中国家在现代化过程中掉进"中等收入陷阱"，一个重要原因就是没有解决好两极分化等问题。中国式现代化促进全体人民共同富裕的一整套思想理念、制度安排、政策举措，使我国亿万农村人口整体摆脱贫困，创造了减贫治理的中国样本。实现共同富裕是一个长期任务，不断取得的新进展将为如何解决贫富分化、"中等收入陷阱"等世界现代化难题提供中国方案。

物质文明和精神文明相协调，即既要物质富足也要精神富有，这是中国式现代化的崇高追求。在西方现代化过程中，一边是财富的积累，一边是信仰缺失、物欲横流。今天，西方国家日渐陷入困境，一个重要原因就是无法遏制资本贪婪的本性，无法解决物质主义膨胀、精神贫乏等痼疾。坚持协同促进物的全面丰富和人的全面发展的中国式现代化，不仅致力于实现物质财富极大丰富、精神财富极大丰富、思想文化自信自强的社会主义现代化，也为如何解决物质现代化和精神现代化不协调的世界性问题贡献了中国智慧。

人与自然和谐共生,即尊重自然、顺应自然、保护自然,促进人与自然和谐共生,这是中国式现代化的鲜明特点。近代以来,西方国家的现代化大都经历了对自然资源肆意掠夺、对生态环境恶性破坏的阶段,在创造巨大物质财富的同时,往往造成环境污染、资源枯竭等严重问题。生态兴则文明兴、人与自然和谐共生、绿水青山就是金山银山、良好生态环境是最普惠的民生福祉、山水林田湖草沙是生命共同体、共谋全球生态文明建设等新理念新思想新战略,为解决世界现代化进程中如何既要经济发展也要环境保护的难题指明了科学道路。

走和平发展道路,即坚持和平发展,既在坚定维护世界和平与发展中谋求自身发展,又以自身发展更好维护世界和平与发展,推动构建人类命运共同体,这是中国式现代化的突出特征。西方国家的现代化,充满战争、殖民、掠夺等血腥罪恶,给广大发展中国家带来深重苦难。中华民族经历了西方列强侵略、凌辱的悲惨历史,深知和平的宝贵,决不重走西方国家实现现代化的老路。中国式现代化坚持独立自主、自力更生,依靠全体人民的辛勤劳动和创新创造发展壮大自己,通过激发内生动力与和平利用外部资源相结合的方式来实现国家发展,不以任何形式压迫其他民族、掠夺他国资源财富,而是为广大发展中国家提供力所能及的支持和帮助,着力破解人类现代化零和博弈的历史困局。

推进中国式现代化是一项长期任务，还有许多未知领域有待探索。要把中国式现代化五大方面的中国特色变为成功实践，把鲜明特色变成独特优势，需要付出艰苦的努力，需要矢志不渝地开展长期的实践探索、理论探索，需要完整把握、准确理解、全面认识中国式现代化的中国特色。只有既能够从总体上回答现代化的基本问题、明晰现代化的历史进程和发展趋势、阐明中国式现代化的世界观和方法论，又能够从细节上厘清关于现代化内涵的各种看法、讲清楚中国式现代化与西方现代化相比所具有的特色和优势、深挖中国式现代化五大特色蕴含的道理学理哲理，才能够学懂弄通做实中国式现代化理论体系的基本原理，为不断拓展中国式现代化的广度和深度提供坚实的理论支撑。

为深入贯彻党的二十大精神，深入贯彻习近平总书记考察调研中国人民大学时重要讲话精神和习近平总书记关于中国式现代化的重要论述，中国人民大学在谋划出版"中国式现代化研究丛书"的基础上，认真组织青年学者撰写了本套丛书。丛书以中国式现代化的五大特色为主题，以学懂弄通中国式现代化五大特色的历史逻辑、理论逻辑、实践逻辑为主线，以延展逻辑进路、拓展理论深度、形成自主知识体系为目标，让中国式现代化五大特色的问题导向、理论智慧、实践效能在相互独立而又内在联系的各卷书中系统地呈现，回应人民在现代化理论和实践上的多方面诉求和需要。希望丛书能够带动更多的青年学者关注中国式现代化、研究中国式现代化、用脚步丈量中国式现代化道路，切实把成果写在中国大地上，为实现中华民族伟大复兴贡献新的更大力量。

是为序。

校党委书记　　　　　　　校长

2023 年 11 月

目 录

第一章　如何理解中国式现代化的人口规模巨大 / 1

　　第一节　史无前例性：人类现代化史上前所未有的巨量级人口国家的现代化 / 2

　　第二节　持续渐进性：新中国成立以来持续的人口规模巨大的中国式现代化 / 8

　　第三节　制度优越性：当前世界上人口最多的发展中国家的社会主义现代化 / 22

　　第四节　风险挑战性：人口子群体规模巨大、结构性差异被放大的高难度现代化 / 29

第二章　中国式现代化进程中的人口现代化 / 37

　　第一节　生育转变：从"多子多福"到"优生优育" / 39

　　第二节　健康转变：从"人生七十古来稀"到"人生八十是寻常" / 50

　　第三节　迁移转变：从"乡土中国"到"迁徙中国" / 64

第三章　人口规模巨大的中国式现代化的战略优势　/ 77

　　第一节　人口规模：巨量级人口带来的规模效应　/ 78
　　第二节　人口结构：人口红利创造中国经济发展的奇迹　/ 94
　　第三节　人口素质：从"人口大国"走向"人才强国"　/ 106

第四章　人口规模巨大的五大结构性风险挑战　/ 121

　　第一节　中国式现代化将在重度老龄化社会实现　/ 123
　　第二节　中国式现代化需要在多元民族融合下实现　/ 131
　　第三节　中国式现代化需要在城乡共同富裕中实现　/ 138
　　第四节　中国式现代化将在人口大规模迁移流动中实现　/ 145
　　第五节　中国式现代化将在家庭变迁中实现　/ 153

第五章　人口规模巨大的现代化道路的发展途径和推进方式　/ 161

　　第一节　坚持党的领导，以人民为中心　/ 162
　　第二节　坚持问题导向，持续推进人口治理能力现代化　/ 170
　　第三节　落实新发展理念，充分发挥人口规模巨大的优势　/ 182
　　第四节　坚持走中国式现代化道路，全面建设社会主义现代化强国　/ 194

参考文献　/ 204

后　记　/ 211

| 第一章 |

如何理解中国式现代化的人口规模巨大

习近平总书记在党的二十大报告中指出:"中国式现代化是人口规模巨大的现代化。我国十四亿多人口整体迈进现代化社会,规模超过现有发达国家人口的总和,艰巨性和复杂性前所未有,发展途径和推进方式也必然具有自己的特点。"拥有十亿量级人口势能的大国将进入现代化行列,是人类历史上一件有深远影响的大事。纵观全球、回溯历史,中国式现代化的人口规模巨大的特点可以概括为以下四点:史无前例性、持续渐进性、制度优越性和风险挑战性。

第一节 史无前例性：人类现代化史上前所未有的巨量级人口国家的现代化

现代化是指工业革命以来人类社会所发生的深刻变化，是人类文明发展与进步的显著标志，也是世界历史演进的必然过程。它涉及人类生活方方面面的变化和革新，包括经济上的工业化、政治上的民主化、社会生活上的城市化、文化上的人性化等。这种变革是强力而深刻的，仅用数百年的时间就使得人类从绵延数千年的传统社会中脱离，建立起在各方面都与传统社会大相径庭的现代社会运行机制。人类社会自开启现代化进程之后已历200余年，从英国最先开始，再扩散至整个欧洲和美国，最后逐渐辐射至全世界。由于西方发达国家率先开始和完成现代化进程，它们通往现代化的道路在很长一段时间内被视为实现现代化的唯一途径。然而，历史证明，各个国家的具体国情存在着差异、历史传统也不尽相同，这使得西方国家的现代化模式并不能套用于所有国家，"世界上既不存在定于一尊的现代化模式，也不存在放之四海而皆准的现代化标准"①。

在人类现代化史上，中国的现代化道路别具一格、独树一帜。1840年鸦片战争后，中国被迫开启了现代化的历史进程，无数志士仁人前仆后继，无数先辈先烈挥洒热血，在艰难险阻中苦苦寻找中国现代化之路。从戊戌变法到辛亥革命，不同的政治力量在不同的道路上苦苦探索救国图存之法，并展开了可歌可泣的斗争，力求实现资本主义现代化，达到抵御外侮、富国强兵、壮大民族的目的。然而，这些努力都以失败告终。

1921年，中国共产党成立，这是开天辟地的大事，自此中国的现代化事业有了主心骨和领路人。中国共产党自成立以来，坚持以马克思主义科学理论为指导，坚持把为中国人民谋幸福、为中华民族谋复兴作为初心和使命，不断推进马克思主义中国化时代化，经过北伐战争、土地革命战争、抗日战争、解放战争，成功带领中国人民推翻帝国主义、封建主义和官僚资本主义三座大山，建立起中华人民共和国，为中国式现代化新道路奠定了根本政治前提和制度基础。

新中国成立后，历经70余年峥嵘岁月，中国共产党成功领导中国人民开创出一条符合中国国情、彰显中国特色的中

---

① 习近平在省部级主要领导干部"学习习近平总书记重要讲话精神，迎接党的二十大"专题研讨班上发表重要讲话强调：高举中国特色社会主义伟大旗帜 奋力谱写全面建设社会主义现代化国家崭新篇章［N］.人民日报，2022-07-28（1）.

国式现代化道路，为中华民族伟大复兴带来了前所未有的希望和曙光。1954年，周恩来在第一届全国人民代表大会上所作的《政府工作报告》中明确指出："如果我们不建设起强大的现代化的工业、现代化的农业、现代化的交通运输业和现代化的国防，我们就不能摆脱落后和贫困，我们的革命就不能达到目的。"[1] 这是我们党第一次创造性地提出"四个现代化"，为我国社会主义建设指明了方向和目标，坚定了全国人民进行社会主义现代化建设的信心。1978年党的十一届三中全会召开，决定将全党的工作重点和全国人民的注意力转移到社会主义现代化建设上，提出了改革开放的任务，标志着我国社会主义现代化建设进入一个新的历史时期。中国式现代化的概念也是从此时开始成型。1979年3月，邓小平在党的理论工作务虚会上第一次提出："过去搞民主革命，要适合中国情况，走毛泽东同志开辟的农村包围城市的道路。现在搞建设，也要适合中国情况，走出一条中国式的现代化道路。"[2] 并强调"中国式的现代化，必须从中国的特点出发"[3]，鲜明宣示中国式现代化道路就是要立足于中国国情、以中国

---

[1] 中华人民共和国第一届全国人民代表大会第一次会议文件[M].北京：人民出版社，1955：58.
[2] 中共中央文献研究室.邓小平同志论坚持四项基本原则反对资产阶级自由化[M].北京：人民出版社，1989：1.
[3] 中共中央文献研究室.邓小平同志论坚持四项基本原则反对资产阶级自由化[M].北京：人民出版社，1989：2.

的方式来推进现代化、实现现代化。

进入新时代，以习近平同志为核心的党中央在新的历史方位上全面统筹中华民族伟大复兴战略全局，推动中国式现代化在认识上不断深入、在战略上不断完善、在实践上不断丰富，成功推进和拓展了中国式现代化内涵，推动我国社会主义现代化建设迈出更加坚实的步伐。2012年11月，党的十八大描绘了全面建成小康社会、加快推进社会主义现代化的宏伟蓝图，提出"两个一百年"奋斗目标和"五位一体"总体布局，进一步完善了中国式现代化的布局体系。2017年10月，党的十九大提出新的"两步走"战略安排，即"第一个阶段，从二〇二〇年到二〇三五年，在全面建成小康社会的基础上，再奋斗十五年，基本实现社会主义现代化"，"第二个阶段，从二〇三五年到本世纪中叶，在基本实现现代化的基础上，再奋斗十五年，把我国建成富强民主文明和谐美丽的社会主义现代化强国"①，确立了党和国家事业长远发展的宏伟目标。2022年10月，党的二十大胜利召开。党的二十大擘画了全面建设社会主义现代化国家、以中国式现代化全面推进中华民族伟大复兴的宏伟蓝图，强调继续统筹推进"五位一体"总体布局、协调推进"四个全面"战略布局，继续扎实推进全体人民共同富裕，继续有力推进党的建设新的

---

① 习近平.决胜全面建成小康社会 夺取新时代中国特色社会主义伟大胜利：在中国共产党第十九次全国代表大会上的报告[N].人民日报，2017-10-28（1）.

伟大工程，继续积极推动构建人类命运共同体，为实现第二个百年奋斗目标指明正确方向，凝聚强大力量。

在探索中华民族伟大复兴之路的过程中，中国共产党始终推动现代化逻辑与社会主义逻辑紧密结合和同频共振，带领中国人民经过艰辛探索和不懈奋斗，成功开创出中国式现代化新道路，为国家的繁荣富强、民族的伟大复兴带来了前所未有的希望、奠定了无与伦比的信心。从全球视角来看，中国式现代化道路的成功实践也为人类实现现代化提供了新路径，为世界人民追求进步贡献了中国智慧、中国方案、中国力量。正如《中共中央关于党的百年奋斗重大成就和历史经验的决议》中所强调的："党领导人民成功走出中国式现代化道路，创造了人类文明新形态，拓展了发展中国家走向现代化的途径，给世界上那些既希望加快发展又希望保持自身独立性的国家和民族提供了全新选择。"[①]

中国式现代化不是"天降馅饼"，也不是他国经验的"照搬复刻"，而是中国共产党带领全国人民在艰苦奋斗中发展出的独特性、原创性创造，具有鲜明特征。习近平总书记在党的二十大报告中对中国式现代化的特征进行了精准的概括："中国式现代化，是中国共产党领导的社会主义现代化，既有各国现代化的共同特征，更有基于自己国情的中国特

---

① 中共中央关于党的百年奋斗重大成就和历史经验的决议［M］.北京：人民出版社，2021：64.

色。""中国式现代化是人口规模巨大的现代化。""中国式现代化是全体人民共同富裕的现代化。""中国式现代化是物质文明和精神文明相协调的现代化。""中国式现代化是人与自然和谐共生的现代化。""中国式现代化是走和平发展道路的现代化。"①

在中国式现代化所具有的五大特征中，人口规模巨大是首要特征。在现代化史上，中国式现代化的人口基础是史无前例的。18世纪下半叶，英国开启了人类追求现代化的序幕，彼时英国（包含全部爱尔兰）人口规模约1 000万人。在现代化过程中，英国（包含全部爱尔兰）的人口规模不断增长，到19世纪中期约增长至2 700万人。20世纪之后，美国领跑世界现代化进程。根据美国人口普查数据，美国人口在1900年已达0.76亿人，并于1920年实现破亿。截至2021年3月，美国人口约3.3亿人，美国也成为世界上完成现代化的国家中人口规模最大的一个。无论是英国、美国，抑或其他已完成现代化的国家，它们的人口规模均在现代化过程中实现了快速增长。然而，它们的人口规模均未抵达中国这般的体量。2022年中国人口规模达到14.1亿人，大致相当于10个俄罗斯、3个欧盟、4个美国的人口，甚至超过所有发达国家人口规模的总和。人口规模逾十亿的巨量级现代化，必是人类发

---

① 习近平.高举中国特色社会主义伟大旗帜 为全面建设社会主义现代化国家而团结奋斗：在中国共产党第二十次全国代表大会上的报告[N].人民日报，2022-10-26（1）.

展史上前所未有的、最为波澜壮阔的现代化,必将创造世界现代化的新历史,开创人类现代化的新纪元。

第二节 持续渐进性:新中国成立以来持续的人口规模巨大的中国式现代化

人口规模巨大的特征不是近些年才出现的,而是贯穿中国式现代化过程的。根据国家统计局数据,新中国成立伊始,中国便已拥有5.4亿人口,远高于如今早已完成现代化、人口总量接近高峰、人口规模位居发达国家第一的美国。也就是说,中国式现代化引擎发动的初期,中国人口规模就已经远远超越如今世界上任意一个完成现代化的国家。之后长达70余年的发展过程中,中国的人口规模长期保持增长势头,表现出"绝对规模保持巨大、增长速度波动下降"的发展特点,直至2022年开始出现趋势性人口负增长(见图1-1)。

中国式现代化不仅包括经济、社会、文化等方面的现代化,也包括人口的现代化。人口的现代化是人口的数量、质量和结构与现代经济、社会发展的适应程度日益提高的过程。在国家发展过程中,人口规模巨大,既可能有利也可能有弊,其利害关系主要取决于经济社会的发展阶段。在经济社会发

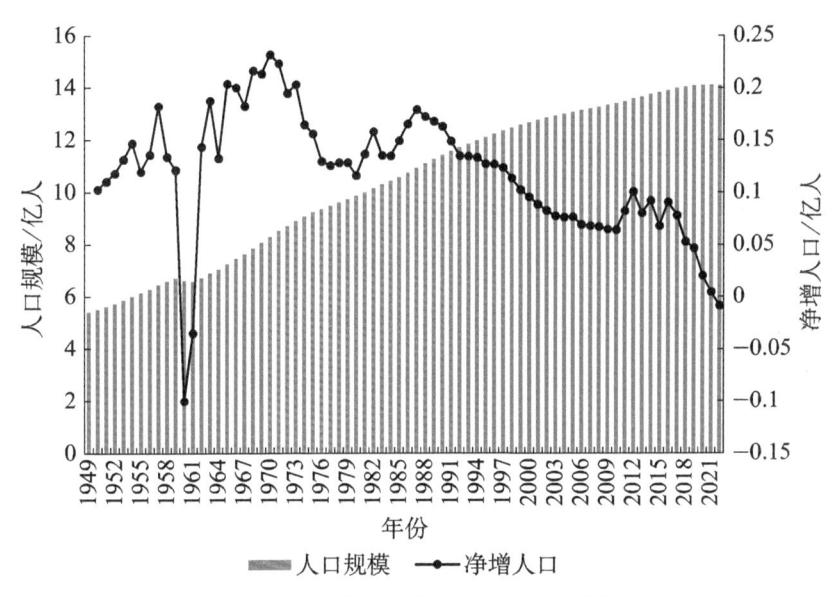

图 1-1　1949—2022 年中国年末人口规模及净增人口规模

资料来源：国家统计局。

展较不充分的阶段，人口规模巨大主要引发的是人口和资源环境之间的矛盾，其不利影响更为突出。中国共产党在推进现代化的过程中，始终高度重视人口问题，努力推动人口与经济、社会、资源、环境相协调。过程中虽然有坎坷和挫折，但切实推动了我国人口形势与经济社会发展相适应。中国式现代化的成果切切实实地反馈到中国人口变化的轨迹中，反映到中国人口现代化的历程中。

一国人口规模的变化主要由四个因素决定：出生、死亡、迁入、迁出。出生率、死亡率、迁入率、迁出率指标可以分别反映一定时期内人口的出生、死亡、迁入、迁出水平，分别表示一定时期内每千人中的出生、死亡、迁入、迁出人口数。其中，出生率减去死亡率得到人口的自然增长率。如果出生率高于死亡率，人口呈现自然正增长；反之，人口则呈现自然负增长。迁入率减去迁出率得到人口的机械增长率。如果迁入率高于迁出率，人口呈现机械正增长；反之，人口则呈现机械负增长。自然增长和机械增长相加得到总人口增长状况。由于出生率会受到年龄结构的影响，其高低并不能全然反映生育水平的高低，因此在衡量生育水平时，我们还会引入总和生育率指标。总和生育率是测量某一时期生育水平的一个重要指标，它是把某一年各年龄的妇女生育率（即某一年龄育龄妇女生育孩子数与该年龄育龄妇女人数之比）加总而成，所以称之为总和生育率。它的含义是如果一批15岁的女性，今后都按照这一年的分年龄生育率生育，到她们49岁生育期结束时，平均每个女性生育的孩子数量。总和生育率等于2.1时被称为更替水平，因为生育率长期维持在该水平上可以维持人口世代更新、人数不增不减。

在具体分析我国人口规模的增长变化时，本章主要关注人口的自然增长状况。改革开放之前，中国人口基本上呈封闭状态，国际迁移规模非常小。改革开放之后，国际人口迁移虽然有所增多，但对于十亿量级的超级人口大国来说，其影响也是微乎其微的。因此，中国人口的增长变化主要由自然增长状况决定，本章也将使用出生率、死亡率、总和生育率、人口自然增长率来反映中国人口变化。新中国成立以来，中国的生育水平和死亡水平发生了明显转变，推动中国人口增长呈现阶段性变化（见图1-2和图1-3）。

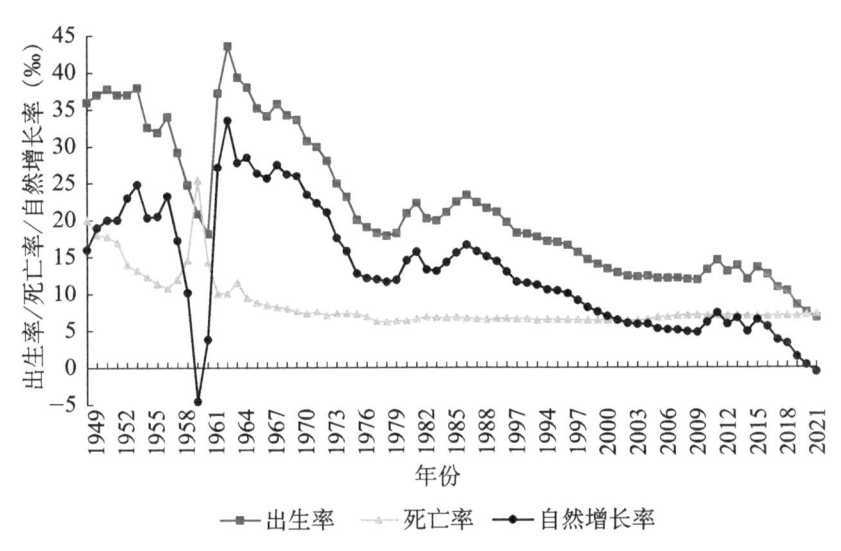

图1-2　1949—2022年中国人口出生率、死亡率及自然增长率
资料来源：国家统计局。

整体来看，我国人口增长状况可以分为以下几个阶段：

（1）20世纪50年代人口规模的快速增长。在这一时期，人口出生率整体保持在很高的水平上。在1950年至1954年的五年间，出生率一直维持在37‰以上的高位水平。之后从1955年开始，出生率逐步下降至1958年的29.22‰。1959年，出生率突然下降至24.78‰，这主要是受到三年困难时期的影响。不同于出生率的缓慢下降，中国人口死亡率在新中国成

图 1-3　1949—2022 年中国总和生育率

资料来源：1949—1999 年总和生育率数据来自路遇、翟振武的《新中国人口六十年》（北京：中国人口出版社，2009）。2000—2020 年总和生育率数据根据第七次全国人口普查数据回推计算获得。2021 年和 2022 年总和生育率数据根据国家统计局公布的出生人口数推算。

立后出现了十分迅速的下降，从 1949 年的 20‰降至 1957 年的 10.8‰。这主要得益于中国卫生健康事业的快速发展。毛泽东明确指出要"组成巩固的统一战线，为开展伟大的人民卫生工作而奋斗"[①]。党领导人民群众开展了爱国卫生运动，有效缓解了天花、疟疾、痢疾、血吸虫病等烈性传染病带来的健康威胁，大幅度增进了中国人民的健康福祉。在如此之短的时间内实现死亡率的迅猛下降，在世界现代化史上也是一

---

① 中共中央文献研究室.毛泽东年谱（一九四九——一九七六）：第 1 卷［M］.北京：中央文献出版社，2013：183.

个奇迹,充分证明了中国式现代化的优越性。由于出生水平的慢变化和死亡水平的快变化同时发生,50年代我国人口出现快速增长,人口自然增长率从1949年的16‰快速攀升至50年代中期的23‰左右。而这一段时期人口的快速增长也为奠定中国"人口规模巨大"的特征起到了重要作用。1949年末,中国人口约5.4亿人,占世界人口比重约21.76%,而到了1959年末,中国人口达6.7亿人,占世界人口比重约21.84%[①]。

(2)20世纪60年代人口规模的波动增长。在三年困难时期,中国人口出生率下降,死亡率升高,自然增长率下降,甚至在1960年和1961年出现人口负增长。然而,人口发展具有一定的历史连续性,三年困难时期仅是短暂地打断了新中国人口稳步发展的正常进程。渡过三年困难时期之后,随着经济发展的好转,人口出生率出现了补偿性的回升。出生率在1962年迅速回升到37‰以上,1963年升至43.6‰(总和生育率高达7.5),达到新中国成立以来的最高水平,并带来33.5‰的高人口自然增长率。其后,出生率有所下降但仍保持在高位波动,并在"文革"期间一度有所回升。同时,死亡率在1962年降至10.08‰,回到三年困难时期之前的水平,之后稳步下降。高出生率和低死亡率使得中国人口规模

---

① 在本章中,中国人口的绝对规模数据均来自国家统计局,中国人口规模占世界人口规模的比重均来自联合国公布的《世界人口展望2022》报告数据。

在三年困难时期之后迅速膨胀，人口自然增长率始终保持在25‰以上。从1960年末至1969年末，中国人口规模从6.6亿人迅速上升至8.1亿人，占世界人口的比重也从21.49%上升至22.19%。需要指出的是，三年困难时期之后，中国人口的健康状况不断改善，死亡率稳步下降。虽然21世纪以来死亡率有所波动甚至略有回升，但这并不代表中国居民的健康出现了恶化，而是受到年龄结构老化（人口老龄化）的影响。60年代初期过后，中国人口的低死亡基调基本奠定，人口的出生水平在很大程度上决定了中国人口增长的走势。

（3）20世纪70年代人口规模增长由快转慢。前文已述，人口规模的利弊取决于人口规模能否与经济社会发展水平相匹配。实质上，从新中国成立开始，人口规模巨大一直是经济社会发展的重要压力源，人口与资源、环境之间的矛盾一直存在。而1966年开始的"文革"则进一步激化了这种矛盾。"文革"对经济发展造成了巨大的破坏，使经济一度面临崩溃，加之人口在此期间快速膨胀，使得人民群众在衣食住行等方面的困难日益突出，人口总量与经济发展的关系变得空前紧张。在人口规模巨大的压力下，中国共产党审时度势，主动采取措施应对人口增长过快问题。1971年7月，国务院以51号文件形式批转了《关于做好计划生育工作的报告》，明确指出："除人口稀少的少数民族地区和其他地区外，都要加强对这项工作的领导，深入开展宣传教育，使晚婚和计划生育变成城乡广大群众的自觉行动"①。这个文件第一次明确号召在全国城乡范围内普遍推行计划生育，成为后来大规模计划生育运动的起点。1973年12月，第一次全国计划生育工作汇报会正式提出了"晚、稀、少"政策（"晚"指男25周岁、女23周岁以后结婚，女24周岁以后生育；"稀"指生育间隔为3年以上；"少"指一对夫妇生育不超两个孩子），并在全国进行了推广。计划生育是党和政府立足于中国当时经济社会发展尚不能支撑人口快速增长的背景作出的一项重大战略决策，它有效缓解了人口对资源环境的压力，对国民经济发展的意义非凡。从70年代初到1979年，妇女生育水平快速下降，出生率从1970年的33.59‰一路降到1979年的17.82‰，总和生育率从1970年的5.81下降到1979年的2.75。人口自然增长率从1970年的25.95‰下降到1979年的11.61‰，降幅超过一半。人口净增长规模亦从1970年的2 300多万人下降到1979年的不到1 300万人。到70年代末，中国人口约有9.8亿人，占世界人口比重约22.14%。

（4）20世纪80年代人口增长的波动变化。80年代初，我国人口总量正式突破10亿人。同时，70年代初控制人口规模的"急刹车"效应已经过去，进一步控制生育率面临困难。1980年9月，党中央发表《关于控制我国人口增长问题

---

① 国务院转发卫生部军管会、商业部、燃料化学工业部《关于做好计划生育工作的报告》[EB/OL].（2015-11-19）[2023-05-10].https://www.gov.cn/zhengce/content/2015-11/19/content_10304.htm.

致全体共产党员、共青团员的公开信》,提倡一对夫妇只生育一个孩子,简称一孩政策。1982年,计划生育被确定为基本国策,并写入《宪法》。然而,一孩政策在农村推行时遇到了阻碍。其时农村经济体制改革使得集体经济生产职能和集体分配被弱化,同时带来了家庭经济生产职能和家庭自主分配的强化,这推动了增殖人口、偏好男性成为家庭经济生产职能的内在要求,从而对一孩政策的落实造成影响。鉴于此,1984年,党中央批转了国家计划生育委员会党组《关于计划生育工作情况的汇报》,宣布对政策进行调整,允许第一孩为女孩的农户家庭可以在间隔4到5年后再生育第二孩,该政策简称一孩半政策。这是党中央在坚持"控制人口过快增长"的基本大方向上,充分考虑到农村经济生产状况和传统文化因素所作出的一次适应中国国情的调整。在这之后,生育水平出现了短期的回升,出生率从1984年的19.9‰回升至1987年的23.33‰,总和生育率从1984年的2.35回升至1987年的2.59。人口自然增长率也从1984年的13.08‰回弹到1987年的16.61‰。经历过此次波动后,我国出生率和人口自然增长率开始呈现稳定下降走势。到1989年末,中国人口规模达11.3亿人,占世界人口的比重较上一个十年期末有所下降,但仍保持较高水平,达21.7%。

(5)20世纪90年代人口内在增长趋势发生方向性转变。中国人口政策的成效在90年代初期开花结实。中国在经济尚不发达的情况下成功控制住了人口过快增长的势头,对于缓解人口和资源、环境之间的矛盾起到了十分重要的作用。1992年,中国总和生育率开始降到更替水平以下,这是中国生育转变的一个里程碑,标志着中国人口内在增长趋势由正增长转为负增长,因为一对夫妻所生的子女数已无法替代夫妻本身。内在增长趋势转负也意味着中国人口从实质性增长阶段转向惯性增长阶段。惯性增长是指生育率降至更替水平及以下之后人口继续增长的趋势。由于过去的高生育率,低龄组人口较多,即使生育率降到更替水平,庞大低龄组人口还会带来大量的出生人口,使得出生人口在一定时期内仍会高于死亡人口,人口还会继续增长。就像车辆在行驶过程中踩刹车一样,即使踩下刹车,但由于惯性作用,车辆还会继续向前行驶一段距离。不过随着低龄组人口逐渐老化,死亡人口数将会逐渐增加,从而赶上甚至超过出生人口数。从数据上看,90年代中国人口自然增长率持续下降,从1990年的14.39‰降至1999年的8.18‰。到1999年末,中国人口规模达12.6亿人,占世界人口比重约20.62%。

(6) 21世纪前十年人口规模增速继续放缓,中国人口老龄化趋势显化。进入21世纪后,中国人口仍保持一段时间的惯性增长,不过增长速度逐渐下降,从2000年的7.58‰下降至2009年的4.87‰。但由于人口基数大,中国每年仍能够保持1 500万~1 800万人的净增长规模。2009年末的中国人口规模约 13.3 亿人，占世界人口比重约 19.36%。同时，在 1999 年左右，中国正式步入人口老龄化社会（65 岁及以上人口占总人口比重达 7%，或者 60 岁及以上人口占总人口比重达 10%），人口年龄结构老化问题逐渐显现。在这一时期，党中央进一步加强了对统筹解决人口问题的重视。2006 年 12 月，党中央作出《关于全面加强人口和计划生育工作 统筹解决人口问题的决定》，将治理出生人口性别比偏高问题、加强流动人口计划生育管理与服务、提高出生人口素质、积极应对人口老龄化、稳定低生育水平等纳入统筹解决人口问题的框架中。

（7）2010 年以来特别是党的十八大以来人口增长速度在波动中放缓，并在 2022 年出现人口负增长。2010—2022 年，中国人口自然增长率出现三次回升。第一次是 2012 年，这一次的波动主要由出生率受到龙年属相偏好影响出现短期上升所致。第二次和第三次分别出现在 2014 年和 2016—2017 年，这两次回升主要源自生育政策调整。党的十八大以来，我国人口发展的内在动力和外部环境均发生了转折性变化，人口过快增长的势头得以有效控制，但新的人口问题逐渐凸显，包括人口惯性增长趋势明显减弱、人口老龄化程度不断提高、人口迁移流动非常活跃、出生人口性别比仍偏高、家庭的抚幼养老功能有所弱化、群众"不愿生、不敢生、生不出、生不好"等。在此背景下，以习近平同志为核心的党中央，审时度势，根据我国人口发展新态势，站在实现中华民族伟大复兴、实现中国式现代化的战略高度,作出逐步调整完善生育政策、促进人口长期均衡发展的重大决策。2013年11月,党的十八届三中全会决定启动实施单独二孩政策,即允许一方是独生子女的夫妇生育两个子女。同年12月,十二届全国人大常委会第六次会议表决通过《关于调整完善生育政策的决议》,单独二孩政策正式实施。这带来2014年的生育小高峰(出生率为13.83‰,总和生育率为1.82)和人口增长速度的回升(人口自然增长率为6.71‰)。随着单独二孩政策效应逐渐释放,生育水平出现回落。党中央根据我国人口和经济形势对生育政策进行进一步调整。2015年10月,党的十八届五中全会明确提出"全面实施一对夫妇可生育两个孩子政策"。2015年12月2日,国务院常务会议通过《中华人民共和国人口与计划生育法修正案(草案)》,并决定将草案提请全国人大常委会审议。2015年12月27日,全国人大常委会表决通过了《关于修改〈中华人民共和国人口与计划生育法〉的决定》。2016年1月1日,全面二孩政策正式实施。全面二孩政策实施后,2016年和2017年的出生率分别升至13.57‰、12.64‰,总和生育率分别升至1.79、1.88,人口自然增长率达6.53‰、5.58‰。2018年以来,随着全面二孩政策效应的逐渐释放,并且受住房成本迅速上涨、家庭生育养育成本和教育成本不断攀升、年轻人就业压力日益增大、女性家庭—工作冲突明显加剧、婴幼儿托育服务供需缺口仍然较大、"教育焦虑"日益加重、消极婚育观念和文化的快速传播等经济社会文化因素的影响，中国生育水平加速下滑。根据 2020 年第七次全国人口普查数据，中国 2020 年出生人口数约 1 200 万人，总和生育率开始降到 1.30 的极低生育率水平。根据国家统计局数据，2022 年出生人口数已降到 1 000 万人以下，约 956 万人，总和生育率约 1.08。与生育水平持续走低相伴随的是人口增长速度的持续下降，2018 年人口自然增长率为 3.78‰，2020 年下降至 1.45‰，2022 年出现人口负增长，人口自然增长率为 -0.6‰。面对日益严峻的低生育率形势，党中央进一步优化生育政策。2021 年 5 月 31 日，中共中央政治局召开会议，审议《关于优化生育政策促进人口长期均衡发展的决定》，决定实施一对夫妻可以生育三个子女政策及配套支持措施。党的二十大报告强调："优化人口发展战略，建立生育支持政策体系，降低生育、养育、教育成本。"[1] 2023 年 5 月，习近平总书记在二十届中央财经委员会第一次会议上强调，要建立健全生育支持政策体系，大力发展普惠托育服务体系，显著减轻家庭生育养育教育负担，推动建设生育友好型社会，促进人口长期均衡发展[2]。这是对新时期中国人口新形势的积极回应，指明了中国生育政策调整

---

[1] 习近平. 高举中国特色社会主义伟大旗帜 为全面建设社会主义现代化国家而团结奋斗：在中国共产党第二十次全国代表大会上的报告［N］. 人民日报，2022-10-26（1）.
[2] 习近平主持召开二十届中央财经委员会第一次会议强调：加快建设以实体经济为支撑的现代化产业体系 以人口高质量发展支撑中国式现代化［N］. 人民日报，2023-05-06（1）.

的新方向。

　　从我国人口规模的变化及其背后的生育水平和死亡水平的转变状况来看，党中央在推进现代化的进程中，能够始终牢牢把握住人口规模巨大和社会主义发展初级阶段的基本国情，推动人口与经济社会发展相适应，推进人口的现代化，并取得了显著成效。2022年，我国出现人口负增长，这是人口一个方向性、时代性的变化，也是史无前例的人口变动分水岭。2022年的人口负增长与1960年和1961年的人口负增长不同。1960年和1961年的人口负增长是由外生性因素所导致的，属于外生性人口负增长，具有短暂性、偶发性。2022年的人口负增长是由长期低生育率引发的，是生育率降到更替水平以下并长期维持的必然结果，是人口惯性增长效应消退后人口必然经历的阶段，具有长期性、难逆性。需要指出的是，我国的低生育率并不是全由计划生育政策所导致的。特别是21世纪以来，我国的低生育水平主要源自经济社会的持续发展。因此，2022年的人口负增长在很大程度上是经济社会发展的结果。国际上发达国家在生育率降至更替水平后，或早或晚都会发生人口负增长（除非有大规模人口净迁入），这是人口发展的必然规律和经济社会发展的必然结果。

　　2022年发生人口负增长后，并不意味着中国式现代化的人口规模巨大的特征会消失，更不意味着人口总量对经济社会的压力已经不复存在了。2016年，习近平总书记在讲话中指出:"人口问题始终是我国面临的全局性、长期性、战略性问题。在未来相当长时期内,我国人口众多的基本国情不会根本改变,人口对经济社会发展的压力不会根本改变,人口与资源环境的紧张关系不会根本改变"[①]。这是对未来很长一段时间内我国人口和经济、社会、资源、环境之间关系的基本性、全局性、战略性判断。根据联合国公布的《世界人口展望 2022》中方案预测数据,我国自 2022 年开始人口负增长后,人口负增长趋势将会一直持续,但在相当长时间内我国人口总量仍非常巨大。到 2035 年基本实现社会主义现代化的时候,我国人口规模仍将维持在 14 亿人以上;到 2050 年建成社会主义现代化强国的时候,我国人口规模仍维持在 13 亿人以上。从新中国成立到建成社会主义现代化强国,人口规模巨大将会贯穿于中国式现代化整个过程,成为中国式现代化的一大鲜明特征。

第三节 制度优越性:当前世界上人口最多的发展中国家的社会主义现代化

在中国共产党的领导下,中华民族达成了前所未有的团

---

① 习近平对人口与计划生育工作作出重要指示强调:推动计划生育基本国策贯彻落实 促进人口长期均衡发展与家庭和谐幸福[N].人民日报,2016-05-19(1).

结，表现出前所未有的自信，以昂扬的姿态，大踏步推进世界上人口最多的发展中国家的社会主义现代化建设事业，创造了举世瞩目的发展成就和彪炳史册的发展奇迹。不同于资本主义国家的现代化，中国式现代化是社会主义的现代化，具有鲜明的制度优越性。这意味着我国的现代化必将是惠及全体十数亿人民群众的现代化，也必将是造福全世界全人类的现代化。

当前世界上已完成现代化的国家走的都是资本主义现代化的道路，所服务的对象是资产阶级。这些国家依照着资本的逻辑，靠着对内剥削、对外掠夺积累起财富、实现现代化，仅少数人能享受现代化的成果。自工业革命以来，西方资产阶级通过剥削剩余价值（即由雇佣劳动者创造的、被资本家无偿占有的、超过劳动力价值以上的那部分价值）这一隐秘的途径，将无产阶级创造的财富无偿地占为己有。因此，大量的财富向少数人集中，而广大无产阶级只能获得最低限度的生存保障，一些无产阶级甚至连基本的生存条件都难以得到保障，财富的两极分化十分严重。一些效仿欧美资本主义现代化道路的发展中国家也面临着财富两极分化的困境，部分城市出现了贫民窟，比如印度和巴西就有很严重的贫民窟问题。不仅如此，西方国家人民的精神生活也没有随着财产的增长而"富足"，而是被资本所异化和扭曲。在自由、平等、宪政、人权的口号下，资本主义将人的自由异化为金钱的自由，消费主义和享乐主义成为人们的"精神鸦片"，道德沦丧和信仰缺失成为资本主义社会的普遍危机。

西方发达国家的现代化也是建立在血腥殖民掠夺和剥削发展中国家的基础上的。大航海时代开启后，西方国家在世界范围内加紧海外扩张和建立殖民地，通过疯狂掠夺殖民地的资源、残酷剥削殖民地的人民，把殖民地的黄金、白银、农产品运回欧洲，实现财富的迅速增长，为现代化积累了大量的财富。即使第二次世界大战后，随着民族解放运动逐渐取得胜利，大部分国家都实现了民族独立，也并不意味着西方发达国家对其他国家的剥削掠夺就此停止了。由于有先发优势，西方发达国家在世界范围内塑造了"现代化"的话语霸权，构建起西方式现代化的利益格局和国际秩序，在由其主导的全球化浪潮中，利用军事、政治、金融、科技、文化等方面的优势，继续从发展中国家"吸血"，导致南北差距进一步扩大，加剧了南北对立和世界动荡。同时，以美国为首的西方发达国家频繁发动贸易战，实施军事围堵，进行政治抹黑，对中国等新近崛起国家进行全方位打压，所使用的方式已经突破了西方发达国家自己制定的现代化规则，这种双重标准的行为方式充分说明了资本主义现代化道路的欺骗性和虚伪性。

不同于资本主义现代化，中国式现代化是由中国共产党领导开创的现代化道路，是一条全体人民共享现代化成果的现代化道路。中国共产党作为工人阶级的先锋队，作为中国人民和中华民族的先锋队，作为中国特色社会主义事业的领导核心，没有自己的特殊利益，有的只是民族的利益、国家的利益、人民的利益。在中国共产党领导下，中国式现代化道路是民族复兴之路、共同富裕之路、全体人民幸福之路。习近平总书记指出："我们必须坚持发展为了人民、发展依靠人民、发展成果由人民共享，作出更有效的制度安排，使全体人民朝着共同富裕方向稳步前进，绝不能出现'富者累巨万，而贫者食糟糠'的现象。"①历史证明、实践证明，从新中国成立时的5.4亿人口，到2022年的14.1亿人口，中国共产党在推进社会主义现代化过程中，以极大的决心、毅力和勇气，积极应对经济、社会、文化、生态、外交等各领域的风险和挑战，创造了经济快速发展和社会长期稳定的奇迹，携手14亿人民群众共同享受现代化的成果。

第一，中国式现代化创造了世界上规模最大的脱贫攻坚奇迹。党的十八大以来，以习近平同志为核心的党中央团结带领全党全国各族人民，把脱贫攻坚作为全面建成小康社会的底线任务和标志性指标，采取了许多具有原创性、独特性的重大举措，经过艰苦卓绝的奋斗，打赢了这场人类历史上规模最大、力度最强的脱贫攻坚战。2020年，全国832个贫

---

① 习近平.论把握新发展阶段、贯彻新发展理念、构建新发展格局[M].北京：中央文献出版社，2021：42.

困县和 12.8 万个贫困村全部脱贫摘帽，现行标准下近 1 亿农村贫困人口全部脱贫。脱贫群众不愁吃、不愁穿，义务教育、基本医疗、住房安全有保障，行路难、吃水难、用电难、通信难、上学难、就医难等问题得到历史性解决。中国自此成为世界上减贫人口最多的国家，也是世界上率先完成联合国千年发展目标的国家，为世界贫困难题的解决提供了中国思路、贡献了中国智慧。在拥有十亿量级的人口大国消灭绝对贫困、实现全面小康，这无疑是一个足以载入史册的伟大奇迹。

第二，中国式现代化织就世界上规模最大的社会保障网络。社会保障是改善人民生活、促进社会公平、增进人民福祉的基本制度保障，是实现广大人民群众共享现代化成果的重要制度安排。党的十八大以来，以习近平同志为核心的党中央把社会保障体系建设摆在更加突出的位置，坚持全覆盖、保基本、多层次、可持续方针，推动全面建成覆盖全民、统筹城乡、公平统一、安全规范、可持续的多层次社会保障体系。截至 2021 年末，全国基本医疗保险参保人数已达 13.6 亿人，覆盖率稳定在 95% 以上。截至 2022 年末，全国参加养老保险的人数达 10.5 亿人，参加失业保险的人数达 2.4 亿人，参加工伤保险的人数达 2.9 亿人。中国打造了世界上和历史上规模最大的社会保障体系，不仅托举起人民群众的基本福祉，也为 14 亿多人口整体迈进现代化社会打下了坚实基础。

第三，中国式现代化打造出世界上规模最大的教育体系。"教育是国之大计、党之大计。"①实现国家富强、民族复兴，离不开教育事业的建设和发展。当前，我国已建成包括学前教育、初等教育、中等教育、高等教育等在内的世界上规模最大的教育体系。到2021年底，我国学前教育毛入学率达88.1%，比2012年提高23.6个百分点；义务教育阶段巩固率达95.4%，提高3.6个百分点；高中阶段的毛入学率为91.4%，提高6.4个百分点。同时，我国已建成世界上规模最大的高等教育体系，2021年在学总人数4 430万人，高等教育毛入学率达57.8%，较2012年提高了27.8个百分点。在推进教育覆盖面扩大的同时，党和政府也在努力推进教育质量的提高，不断深化教育教学改革，努力打造高质量教育体系。

第四，中国式现代化建成了世界上规模最大的医疗卫生体系。习近平总书记指出："要把保障人民健康放在优先发展的战略位置，坚持基本医疗卫生事业的公益性，聚焦影响人民健康的重大疾病和主要问题，加快实施健康中国行动，织牢国家公共卫生防护网，推动公立医院高质量发展，为人民

---

① 习近平.高举中国特色社会主义伟大旗帜 为全面建设社会主义现代化国家而团结奋斗：在中国共产党第二十次全国代表大会上的报告［N］.人民日报，2022-10-26（1）.

提供全方位全周期健康服务。"①在中国式现代化进程中，我国逐渐建立起世界上规模最大的医疗卫生体系。2021年，全国总诊疗量达84.7亿人次，医疗服务总量居世界第一。2021年末，全国合计医疗卫生机构达103.1万个，床位944.8万张。与不断健全的医疗服务体系相伴随的是不断改善的人民健康水平。根据国家卫生健康委数据，2021年，我国居民平均预期寿命78.2岁，相较于新中国成立初期的35岁增长了1倍有余。

不同于资本主义现代化，中国式现代化是一条和平发展、造福全人类的现代化道路。一方面，中国从不依靠掠夺他国来发展自己，而是依靠全体人民，依靠马克思主义的正确指引，坚持独立自主、坚持艰苦奋斗、坚持开拓创新来实现自身的发展。新中国成立以来，中国共产党团结带领亿万中国人民，通过社会主义革命，建立起社会主义政治制度和经济制度；通过发挥社会主义制度集中力量办大事的优势，建立起门类齐全、独立完整的现代工业体系；通过改革开放，开创中国特色社会主义道路。2021年，中国经济总量排名世界第二，创造了经济社会发展的奇迹。另一方面，中国从不依靠打压他国来保障自身的发展，而是在和平发展中谋求合作

---

① 习近平在看望参加政协会议的医药卫生界教育界委员时强调：把保障人民健康放在优先发展的战略位置 着力构建优质均衡的基本公共教育服务体系［N］.人民日报，2021-03-07（1）.

共赢来实现自身的发展。中国式现代化道路始终坚持和平共处五项原则，始终不渝走和平发展道路，大力弘扬和平、发展、公平、正义、民主、自由的全人类共同价值，与世界各国发展友好关系，让世界共同分享中国经济繁荣带来的红利。特别是大力援助发展中国家，与第三世界国家建立起亲密友好的关系。当前，中国已成为140多个国家和地区的主要贸易伙伴。2020年，中国货物和服务贸易总额达5.3万亿美元，成为全球第一贸易大国。2021年，货物和服务贸易总额达6.9万亿美元，继续保持世界第一。截至2022年底，中国已与151个国家、32个国际组织签署200多份"一带一路"合作文件，形成3 000多个合作项目，投资规模近1万亿美元，带动全球国际合作范式效应显著。

第四节 风险挑战性：人口子群体规模巨大、结构性差异被放大的高难度现代化

新中国自成立之初就具备了人口规模巨大的基本国情。在经济社会发展尚不充分的背景下，人口总量和经济、社会、资源、环境之间的矛盾始终是困扰我国经济健康、平稳、可持续发展的重大难题。经过党和人民群众的不懈努力，我国

成功缓解了人口增长过快带来的压力，为促进人口长期均衡发展打下了良好的基础。然而，人口规模巨大的基本国情仍不会改变，将贯穿中国式现代化始终。

规模巨大的人口，既决定了中国式现代化的独特性和重要性，也决定了中国式现代化的艰巨性和复杂性。习近平总书记在党的二十大报告中强调："我国十四亿多人口整体迈进现代化社会，规模超过现有发达国家人口的总和，艰巨性和复杂性前所未有，发展途径和推进方式也必然具有自己的特点。"[①]在巨大的人口规模中，人口的结构性差异将会被放大，人口的各个子群体规模也会十分庞大。这无疑会给中国式现代化进程带来一系列风险与挑战。

第一，中国式现代化是全龄段人口共享幸福的现代化。中国式现代化是惠及各年龄段人口的现代化。相较于青壮年人群，老年人群由于缺乏固定收入来源、健康水平下降和个人储蓄不充分，更容易遭受生活困难和生存风险。因此，在现代化进程中，老年人口的福利保障需要重点关注。中国60岁及以上老年人口占总人口的比重在1999年超过10%，正式步入老龄化社会，此后，我国的人口老龄化程度不断加深。根据国家统计局数据，2022年末，我国60岁及以上老年人口占比达19.8%。联合国《世界人口展望2022》中方

---

① 习近平.高举中国特色社会主义伟大旗帜 为全面建设社会主义现代化国家而团结奋斗：在中国共产党第二十次全国代表大会上的报告[N].人民日报，2022-10-26（1）.

案预测数据显示，未来中国的人口老龄化态势仍会不断加剧。到 2024 年，老年人口增长至 2.93 亿人，占总人口比重达 20.53%，中国进入中度老龄化社会；到 2035 年基本实现社会主义现代化之时，老年人口增长至 4.24 亿人，占总人口比重达 30.31%，中国进入重度老龄化社会；到 2050 年建成社会主义现代化强国之时，老年人口增长至 5.09 亿人，占总人口比重达 38.81%，不到 3 个人当中就有 1 个是老年人。与人口老龄化相伴随的是人口的高龄化。一般用 80 岁及以上高龄老年人口占 60 岁及以上老年人口比重来衡量高龄化水平。根据第七次全国人口普查数据，2020 年我国高龄老年人口规模达到 3 580 万人，人口高龄化水平已达 13.56%。根据《世界人口展望 2022》中方案预测数据，到 2035 年，我国高龄老年人口规模将达 7 084 万人，人口高龄化水平达 16.70%；到 2050 年，高龄老年人口规模将增长至 1.35 亿人，人口高龄化水平也增至 26.56%。随着人口老龄化和高龄化程度不断提高，我国经济社会将会面临一系列挑战，包括劳动力减少、社会抚养负担加重、养老金被"击穿"、医疗负担加重、长期照护需求剧增、银发数字鸿沟加深等。

第二，中国式现代化是各民族人口共同繁荣的现代化。我国是统一的多民族国家，56 个民族共同组成了统一和谐的中华民族大家庭。实现中华民族伟大复兴，需要各民族手挽着手、肩并着肩，共同努力奋斗。坚持各民族共同发展、共同繁荣、共享现代化成果,是中国式现代化的内在要求和应有之义。根据 2020 年第七次全国人口普查数据,中国汉族人口为 12.86 亿人,占 91.11%,少数民族人口为 1.25 亿人,占 8.89%。相较于 2010 年第六次全国人口普查,10 年间,汉族人口增长了 4.93%,少数民族人口增长了 10.26%,后者增长速度更快。受地理区位、文化传统等因素的影响,不同民族之间的发展水平存在差异。部分少数民族地区的基础设施建设相对薄弱,经济发展水平较低。一些少数民族还保持着相对传统甚至原始的生活方式。因此,在人口规模巨大的背景下,推进各民族共同实现现代化,仍任重道远。

第三,中国式现代化是城乡居民共享成果的现代化。受户籍制度影响,中国长期存在城乡二元结构体制。推动城镇居民和农村居民共同享受现代化的成果,是中国式现代化的重要议题。国家统计局数据显示,2022 年底全国城镇常住人口 9.21 亿人,占比 65.22%,乡村常住人口 4.91 亿人,占比 34.78%。相较于十年前(2012 年),城镇人口增加了 2.09 亿人,农村人口减少了 1.51 亿人,城镇化率提高了 12.65 个百分点。不过,我国农村人口的绝对规模仍十分巨大。当前,城乡之间尚存在资源配置的不均衡性。相较于城镇地区,农村地区经济基础较为薄弱,农村居民的收入水平相对更低,教育、医疗、消费、就业条件等也相对较差。未来在继续推进城镇化的过程中,需要进一步提升农村居民的福利水平,缩小城乡差距,加快城乡融合,实现乡村振兴、城乡共荣。同时,还需要重点关注快速城镇化过程中农村地区青壮年大量外流、老龄化迅速深化、村庄急剧荒芜的"空心化"问题。

第四,中国式现代化是常住人口和流动人口共同发展的现代化。改革开放以来,中国人口流动日益活跃,成为经济社会最为深刻的变革之一。根据第七次全国人口普查数据,2020年我国人户分离人口达到4.93亿人,约占总人口的35%。其中,流动人口为3.76亿人,占总人口的26.62%。流动人口中,跨省流动人口1.25亿人,省内流动人口2.51亿人。与2010年相比,流动人口规模增长近70%。人口大规模大范围流动对于激发经济活力、盘活资源流转、促进区域发展平衡具有重要意义。但不容忽视的是,人口流动也给基层治理带来了巨大的挑战。规模巨大的流动人口在流入地的社会融入问题、养老问题、医疗问题、婚姻家庭问题、子女适应和教育问题,以及相伴随的流出地的留守老人和留守子女问题,都是中国式现代化进程中不得不面对和必须有效解决的难题。

第五,中国式现代化是婚姻家庭幸福发展的现代化。随着经济社会的发展进步,家庭的规模、结构和人们的婚育观念均发生了重大转变。第七次全国人口普查数据显示,2020年我国平均家庭户人口为2.62人,相较于2010年的3.10人减少了0.48人。也就是说,2020年全国平均家庭规模甚至不足以达到典型的三口之家。而这种家庭规模小型化的趋势并没有就此停止，未来还会继续发展。与此同时，青年人群的婚育观念和婚姻状态发生了转变。根据历年《中国人口和就业统计年鉴》数据计算，1999年我国"70后"人口结过婚的比重是64.1%，2009年"80后"人口结过婚的比重为49.2%，2019年"90后"人口结过婚的比重降为42.2%，20年来分年龄段的人口在相似年龄阶段的结婚率一直在下降。第七次全国人口普查数据显示，2020年我国的平均初婚年龄是28.67岁，很多城市地区已经超过30岁。当前家庭小型化、婚育推迟、不婚比重增加，一方面源自受教育程度提高和思想观念解放带来的个人婚育观念的转变，另一方面是受到现实因素的限制。由于过去一段比较长的时间内，出生人口性别比持续偏高，导致适婚男性的规模高于适婚女性，因而造成相当一部分的男性单身群体，这种现象在农村更为凸显。同时，受住房成本迅速上涨、家庭生育养育教育成本不断攀升、年轻人就业压力日益增大、女性家庭—工作冲突明显加剧、婴幼儿托育服务供不应求问题突出、"教育焦虑"日益加重、消极婚育观念和文化的快速传播等经济社会文化因素的影响，家庭生育意愿受到压抑。家庭想生却不敢生，导致婚育年龄不断推迟，甚至导致家庭中女性因年龄过高而无法生育，家庭规模不断小型化。人民的婚育意愿无法得到满足，家庭的幸福发展也就无从谈起。充分解决大规模单身人群的结婚难问题，以及满足大规模家庭的生育意愿,将是中国式现代化的一大挑战。

人口本身就是一个复杂系统,人口规模巨大则将这种复杂性加倍放大,给国家治理和社会主义现代化带来一系列挑战。面对规模巨大的人口中交织着的差异化的诉求,中国式现代化的过程必将是充满挑战的,但是也正因为这种巨大的挑战性,中国式现代化也必将是伟大的。

| 第二章 |

中国式现代化进程中的人口现代化

人口是一个国家发展的基础性、全局性、长期性和战略性要素,在中国经济社会发展和现代化进程中得到党和国家的高度重视。毛泽东从战略大局思考人口问题,创造性地把马克思主义"两种生产"理论用于解决人口问题。邓小平将解决人口问题作为实现四个现代化的重要任务,将控制人口增长与实现国家现代化的目标紧紧联系在一起。江泽民提出人口问题是制约可持续发展的首要问题,是影响经济和社会发展的关键因素。胡锦涛提出以人为本的发展理念,明确了人民在中国式现代化道路中的主体地位,在推进现代化进程中站稳了人民立场。进入新时代,习近平总书记在党的二十大报告中指出,中国式现代化是人口规模巨大的现代化。人口现代化是中国式现代化不可或缺的部分,人口发展是关系中华民族伟大复兴的大事,必须着力提高人口整体素质,以人口高质量发展支撑中国式现代化。

中国式现代化是人口规模巨大的现代化,这是挑战,更是机遇。人口规模巨大意味着中国式现代化进程中面临问题的复杂性、多层次性与不可预见性。2020年我国人口规模达到14.1亿人,约占全球总人口的18%,是当之无愧的世界人口第一大国,人口基数大、人口众多的国情始终存在。但人口的发展态势更加复杂,各类人群面临的问题更加多变。与此同时,人口现代化进程中的人口数量红利和人才素质红利是经济社会高质量发展和持续健康发展的基础。1953年全国16~59岁劳动年龄人口为3.10亿人,到2020年为8.8亿人,庞大的劳动力资源提供了坚实的人力资源保障,人均健康水平的提高和受教育水平的提高为我国经济社会走向高质量发展奠定了坚实的人才基础。人口现代化实现了中国生产要素的高效率配置与集聚经济的创造,规模不断壮大的流动人口为经济发展创造了活力。人口规模巨大是中国式现代化强大的动力引擎与不竭的力量源泉。

第一节　生育转变：从"多子多福"到"优生优育"

生育现代化是人口现代化的重要组成，意味着人类文明的新发展、新进步。生育现代化意味着广大人民群众生育行为与生育观念的一次革新，是满足经济发展需求、适应社会发展的必由之路。从世界现代化的进程和人口内在发展规律来看，生育现代化是实现人口再生产类型转变的前提与基础。没有生育现代化，就难有人均资本的积累与人均收入的提高，就难以实现经济社会的快速发展与人民生活水平的提高。

在我国生育现代化的进程中，生育政策发挥了重要的作用。我国在经济社会发展的不同阶段，因时因地制宜地制定和实施了不同的生育政策，以不断适应我国人口与经济社会发展的新形势，在经济社会发展的不同阶段均取得了显著的成绩。具体而言，从政策执行内容来看，我国的生育政策总体上经历了从鼓励生育到提倡节育、再到限制生育、最后再次鼓励生育的过程；从政策执行理念来看，我国的生育政策总体上经历了从以控制人口过快增长为目标的数量约束到以实现适度生育水平为目标的包容性策略转变。从生育现代化的结果来看,在生育数量上,通过全党全国人民的共同努力,我国的总和生育率从新中国成立之初的高生育水平降到90年代的更替水平以下,有效控制了人口规模的过快增长;在生育性别上,我国"重男轻女"的生育文化正逐步走向"生男生女一样好",社会整体文化氛围正由有性别偏好向无性别偏好转变,生育性别平等不断向前推进。

一、新中国成立初期的传统生育观与计划生育政策准备

新中国成立初期,人民群众的婚育行为和婚育观念仍处于传统阶段,早婚早育是当时社会的普遍现象。根据第一次全国人口普查,1953年我国人口出生率高达37‰,人口自然增长率高达23‰,平均每年净增人口1 200万人。考虑到长久战争的人口损耗与新中国成立初期百废待兴的局面,政府在这一时期并未对生育作出限制,而是作出了鼓励生育、限制节育的决策。1950年4月20日,卫生部和军委卫生部联合发布了《机关部队妇女干部打胎限制的办法》。1952年,卫生部制定了面向全民的《限制节育及人工流产暂行办法》。这一时期我国生育现代化的进程尚处于起步阶段,整体发展

与国际先进水平还有很大差距。

第一次全国人口普查的结果给我国政府敲响了控制人口的警钟。随着抗美援朝的结束与三大改造的开始，人口增长过快的问题进入我国领导人视野，党和政府开始认识到需要控制人口和实行计划生育，开始支持群众避孕节育。这一时期，城市居民的生育观也出现了一定程度的转变，存在少生节育的需求。在此背景下，1954年11月10日，卫生部下发《关于改进避孕及人工流产问题的通报》，规定"避孕节育一律不加限制"，"一切避孕用具和药品均可以在市场销售，不加限制"。1956年1月，由毛泽东亲自主持的《1956年到1967年全国农业发展纲要》（草案）指出："除了少数民族的地区以外，在一切人口稠密地区，宣传和推广节制生育，提倡有计划地生育子女"。1957年7月，马寅初的《新人口论》分析了人口增长过快同经济社会发展的矛盾，主张实行计划生育，控制人口，产生了较大影响。

但1958年的"大跃进"运动干扰了计划生育的推行，三年困难时期对我国经济社会的发展造成了巨大的冲击，生育水平大幅下降。三年困难时期后随着经济社会的好转，出现补偿性生育，生育水平明显上升。面对人口迅猛增长和经济严重受挫的双重压力，党和政府重新认识到人口过快增长给社会经济和人民生活造成的影响，提出在城市和人口稠密的农村进行节制生育，适当控制人口自然增长率，并将大力提倡晚婚作为控制人口增长的一项具体措施。1962年,党中央、国务院发布《关于认真提倡计划生育的指示》,提出"使生育问题由毫无计划的状态逐渐走向有计划的状态"。这一时期尽管计划生育政策推进遇到一定阻力,但党和政府控制人口和实行计划生育的态度与决心始终没有变。

二、计划生育政策与低生育水平

1971年7月,国务院批转《关于做好计划生育工作的报告》。《报告》提出,"除人口稀少的少数民族地区和其他地区外,都要加强对这项工作的领导"。自此我国开始在全国推行计划生育,并把控制人口增长的指标首次纳入国民经济发展计划,计划生育政策进入了一个新阶段。从1973年开始,人口发展列入国民经济计划。1973年12月,国务院计划生育领导小组办公室召开全国第一次计划生育工作汇报会,会上提出"晚、稀、少"的生育政策。1975年,毛泽东在国家计委《关于一九七五年国民经济计划的报告》上批示:人口非控制不行。

20世纪70年代,我国的计划生育政策以宣传、动员为主,政策推行较为顺利,计划生育在全国城乡蓬勃开展,取得了非常显著的效果,生育水平不断下降。人口出生率从

1970年的33.59‰下降到1978年的18.25‰，同期总和生育率从5.81下降到2.72。尽管计划生育工作卓有成效，但总和生育率依旧高于更替水平，在我国人口规模巨大的基础上，人口依然较快增长，这一时期人口净增长超1亿人。此外，由于生育政策较为宽松且各省份尚无明确的生育间隔要求，全国的平均二孩生育间隔在2.7年以下，生育间隔基本保持稳定。

党的十一届三中全会后，百废待兴，人口增长与物资短缺的矛盾更加尖锐。1978年，全国总人口达到9.6亿人。当年我国经济总量在世界排名第11位，但人均国内生产总值大大低于同期世界平均水平，人口问题成为制约我国经济发展的重要因素。以邓小平同志为主要代表的中国共产党人，客观分析我国"人口多、底子薄"的基本国情，将解决人口问题作为实现四个现代化的重要任务，提出"三步走"战略目标，把控制人口增长与实现国家现代化的目标紧紧联系在一起。1978年3月，第五届全国人民代表大会第一次会议通过的《中华人民共和国宪法》第五十三条规定"国家提倡和推行计划生育"。计划生育第一次以法律形式载入我国宪法。同年，国家下发的69号文件明确提出"提倡一对夫妇生育子女数最好一个，最多两个，生育间隔3年以上"。1979年1月，全国计划生育工作会议召开，把"最多两个"去掉，变成了"最好一个"，独生子女政策至此正式开始。这一时期计划生育政策有所调整，逐渐形成"一对夫妇只生一个孩子"的强制性生育政策。

1980年9月，五届全国人大三次会议指出："除了在人口稀少的少数民族地区以外，要普遍提倡一对夫妇只生育一个孩子，以便把人口增长率尽快控制住"。同年9月25日，党中央发表《关于控制我国人口增长问题致全体共产党员、共青团员的公开信》，提倡"一对夫妇只生育一个孩子"。自此，我国一孩政策正式出台并全面实施，从70年代的"最多两个"转变为严格控制生育第二个孩子的独生子女政策。但是由于独生子女政策与农村实际情况的背离，计划生育政策工作推进受到阻碍。1982年，党的十二大把计划生育确定为基本国策。1984年，党中央开始对计划生育政策作出调整，转发了《关于计划生育情况的汇报》的7号文件，借鉴山东省"开小口堵大口"的经验，对农村地区的计划生育政策进行修正和完善，在农村地区形成了"一孩半"政策。这一时期生育水平有所波动，但总体上仍呈下降趋势，逐渐趋近更替水平。

20世纪90年代始，我国把人口问题提高到可持续发展战略的首要位置，提出在现代化建设中必须正确处理经济建设与人口资源环境的关系，继续实行计划生育，稳定低生育水平。1991年中共中央、国务院作出《关于加强计划生育工作严格控制人口增长的决定》，明确提出要坚定不移地贯彻落实现行生育政策，严格控制人口增长。90年代中后期，我国人口再生产类型实现了由"高出生、低死亡、高增长"到"低出生、低死亡、低增长"的历史性转变。进入 21 世纪，国家继续坚持稳定现行生育政策，同时积极推进计划生育工作思路和工作方法的转变，稳定低生育水平始终是这一时期生育政策的宗旨与核心。2000 年 3 月，中共中央、国务院作出《关于加强人口与计划生育工作稳定低生育水平的决定》，指出人口过多仍然是我国首要的问题，人口问题是社会主义初级阶段长期面临的重大问题。在实现人口再生产类型的历史性转变以后，人口与计划生育工作的主要任务将转向稳定低生育水平、提高出生人口素质。2006 年 12 月 17 日，中共中央、国务院发布了《关于全面加强人口和计划生育工作统筹解决人口问题的决定》，明确提出我国人口和计划生育工作进入稳定低生育水平、统筹解决人口问题、促进人的全面发展的新阶段。

　　回顾我国计划生育的历程，可以概括为"起于忧患、行于艰难、成于均衡"。40 多年来，我国计划生育工作取得了举世瞩目的伟大成就，有力促进了经济增长、社会进步和民生改善，有力支撑了改革开放和社会主义现代化事业，为全面建成小康社会奠定了坚实基础。一是有效控制了人口过快增长的势头，实现了人口再生产类型的历史性转变。在经济社会发展相对落后的情况下，我国人口发展提前实现了从"高出生、低死亡、高增长"向"低出生、低死亡、低增长"的转变，生育水平与发达国家相当。二是有效缓解了人口对资源环境的压力,改善了人民群众的生存和发展状况。如果不实行计划生育,维持 20 世纪 70 年代初的生育水平,人均耕地、粮食、森林、淡水资源等将比目前水平低 20% 以上,碳排放量按年人均 3.8 吨计算,将比现在每年多排放 15 亿吨,人民群众的生活质量不可能达到今天的水平。三是创造了较长一段人口红利期,为经济长期快速发展提供了有力的人力资源支撑。计划生育极大解放了妇女生产力,使她们有更多机会进入社会生产领域,显著改善了妇女社会经济地位;大量减少了新生人口的抚养费和人口投资,使得国家、社会、家庭增加对人力资本的投资和经济投资成为可能,使我国城乡普及九年义务教育成为现实,扩大了职业学校和高校招生人数,也为扩大培养研究生创造有利条件。四是为世界人口发展和减贫事业作出了重要贡献,树立了负责任人口大国的良好形象。我国政府认真履行对国际人口与发展大会行动纲领和联合国千年发展目标的承诺,经过坚持不懈的努力,为稳定世界人口作出了积极贡献。

三、新时代的生育支持政策优化与人口均衡发展

进入新时代以来,我国人口发展的内在动力和外在条件均发生了变化。习近平总书记指出:"当前,我国人口结构呈

现明显的高龄少子特征，适龄人口生育意愿明显降低，妇女总和生育率明显低于更替水平。"[①]我国人口增长的态势明显放缓，人口负增长惯性不断积累，劳动年龄人口与育龄妇女规模呈缩减态势，出生率和总和生育率呈走低态势。2020年我国总和生育率为1.3，出生人口约1200万人，人口数量红利逐渐消退，人口素质红利有待进一步开发，人口大国向人才强国的转变尚在进行。与此同时，人口老龄化程度不断加深，老年人口规模日益庞大，家庭规模趋于小型化、核心化，家庭养老功能弱化，社会养老负担不断加重。但我国人口众多的基本国情不会根本改变，人口对经济社会发展的压力不会根本改变，人口与资源环境的紧张关系不会根本改变，人口形势更加复杂多变。

新时期群众的生育理念和生育态度也发生了新的转变。计划生育政策的推行与社会经济的高速发展，共同推动了人口生育观念从"多生"到"少生"的转变，群众育儿方式也从"粗放型"向"精细化"转变。但在现代社会的风险情境中，人民群众完全实现其生育意愿存在着重重困难。首先，在市场经济体制下，夫妻双方都面临着严重的就业压力与经济负担，往往需要都参与工作才能满足家庭的开支需要，加之普惠性婴幼儿托育服务体系尚未完善，存在需大于供、价

[①] 中共中央文献研究室.十八大以来重要文献选编：中［M］.北京：中央文献出版社，2016：784.

格较高且质量参差不齐等问题，无人照看孩子成为群众"不想生""不敢生"的突出困难。其次，生育友好的就业环境有待进一步构建，"母职惩罚"成为阻碍职场女性生育的一大难题。女性在生育后往往由于人力资本积累受阻、工作投入降低或不得不从事灵活性工作等原因降低其在劳动市场上的表现，影响个人的职业发展，影响了职业女性生育需求的满足。最后，住房困难与房价高昂也是影响群众生育意愿的一大重要因素。但与此同时，生育的性别偏好也在不断弱化，群众的生育性别观念不断趋于平等，中国人理想男孩数从1979—1989年的0.6人减至2010—2017年的0.4人，出生人口性别比从20世纪80年代开始偏离正常值，但从"十一五"后半期（2008年）开始，我国出生人口性别比已出现连续的下降态势。

我国的生育政策需要进一步作出调整，以适应不断发展变化的国情，促进人口和经济社会的协调发展。以习近平同志为核心的党中央站在中华民族长远发展的战略高度，顺应人口变化形势，遵循人口发展客观规律，推动人口与经济的协调适应，先后作出单独二孩、全面二孩和三孩生育决策。2013年12月28日，基于释放一部分生育势能与积累生育政策调整经验的考虑，第十二届全国人大常委会第六次会议表决通过了《关于调整完善生育政策的决议》，一方是独生子女的夫妇可生育两个孩子的单独两孩政策依法启动实施。2015

年12月，为适应人口和经济社会发展新形势，促进人口长期均衡发展，《中共中央 国务院关于实施全面两孩政策 改革完善计划生育服务管理的决定》颁布。2021年7月20日，《中共中央 国务院关于优化生育政策促进人口长期均衡发展的决定》正式发布，作出实施三孩生育政策及配套支持措施的重大决策。这是党的十八大以来，我国继单独二孩和全面二孩之后的又一重大生育政策调整，不仅实现了对生育限制的进一步解放，更是力求回应群众关切，解决群众问题，激发家庭生育信心。

总体而言，新时期新形势赋予了我国生育政策新的内涵与方向，政策调整突出优化、包容和保障，力求不断满足人民日益增长的美好生活需要。从优化方面来说，生育政策不再局限于行政化的政策控制手段，而是转向全面的配套支持政策，健全覆盖全生命周期的人口服务体系，提升优生优育服务水平，促进家庭的和谐幸福与生育需求的满足；从包容方面来说，生育政策充分考虑生育主体的差异性内涵和多样化需求，放松约束性，取消社会抚养费等制约措施，清理和废止相关处罚规定，入户、入学、入职等与个人生育情况全面脱钩，保护育龄人群的生育权利；从保障方面来说，生育政策注重与以往的计划生育政策衔接，对计划生育家庭继续实行现行各项奖励扶助制度和优惠政策，实现了对计划生育家庭的完善保障。

第二节　健康转变：从"人生七十古来稀"到"人生八十是寻常"

2023年5月，习近平总书记在二十届中央财经委员会第一次会议上强调，"人口发展是关系中华民族伟大复兴的大事，必须着力提高人口整体素质，以人口高质量发展支撑中国式现代化"[①]。健康作为人口素质的主要体现，是人口现代化的重要内容。人民健康是民族昌盛和国家富强的重要标志，增进人民的健康福祉是中国式现代化进程中至关重要的一环。我国人口规模巨大，规模巨大的健康人口意味着强盛的国力和可持续发展能力。提高全体人民的健康水平，有利于为国家和社会全面进步提供源源不断的健康人才，为实现中华民族伟大复兴的中国梦打下坚实的健康基础。

在中国式现代化的进程中，中国的卫生健康事业迅速发

[①] 习近平主持召开二十届中央财经委员会第一次会议强调：加快建设以实体经济为支撑的现代化产业体系　以人口高质量发展支撑中国式现代化 [N]. 人民日报，2023-05-06（1）.

展，中国人口经历了健康转变：在死亡模式上，由高死亡率、低预期寿命的传统农业社会死亡模式向低死亡率、高预期寿命的现代死亡模式转变；在预期寿命上，人均预期寿命从远低于世界平均水平的35岁左右提升到目前居于中高收入国家前列的78.2岁；在人口主要死因上，由呼吸系统疾病和传染性疾病转变为慢性非传染性疾病。

一、中国式现代化进程中的人口健康成就

1. 人口死亡水平迅速下降

人口死亡率是反映一个国家或地区人口健康素质和水平的重要指标。新中国的成立从根本上改变了中国的人口死亡情况，和谐稳定的社会环境以及党和政府对于人口健康的重视等都使得中国人口死亡率进入了快速下降的进程。新民主主义革命时期的人口死亡率缺乏明确统一的登记数据，加上战乱、医疗卫生条件差等原因，一般认为这一时期的人口死亡率较高。至新中国成立初期，中国人口死亡率仍高达20‰。1949年中华人民共和国的成立带来了翻天覆地的巨变。随着经济社会的发展以及党和政府对医疗卫生事业的重视和推动，城乡居民基本医疗卫生制度基本确立，基本医疗服务逐渐普及，中国人口死亡率迅速下降。在1949—1957年的8年期间，

中国人口粗死亡率下降极为迅速,从 1949 年的 20‰下降到 1957 年的 10.80‰,平均每年下降超过 1 个千分点,如此突出的下降速度在世界范围也是罕见的。此后除去部分年份的死亡率突然上升,我国人口粗死亡率在 70 多年间一直维持下降趋势。21 世纪人口老龄化的加剧使得人口粗死亡率略有回升,但婴儿死亡率及孕产妇死亡率仍持续下降。据《中国妇幼健康事业发展报告(2019)》,中国婴儿死亡率由 1991 年的 50.2‰下降至 2018 年的 6.1‰,下降了 44.1 个千分点;孕产妇死亡率在 1990 年为 88.8/10 万,2018 年时已降至 18.3/10 万,提前完成联合国千年发展目标。据《"十四五"国民健康规划》,2020 年,我国婴儿死亡率进一步下降至 5.4‰,5 岁以下儿童死亡率降至 7.5‰,孕产妇死亡率降至 16.9/10 万,主要健康指标居于中高收入国家前列。

2. 人均预期寿命大幅提升

由于医学技术的落后、传染性疾病的流行以及饥荒战乱等不稳定因素,古代的人平均寿命普遍很低,所谓"七十古来稀"。根据学者林万孝的统计,在夏商时期,我国人均寿命大概为 18 岁;在秦汉唐宋时期也不过 20 至 30 岁;乃至民国时期这一数字也仅为 35 岁左右。由于女性地位低和孕产妇死亡率高等原因,女性的死亡水平高于男性,平均预期寿命也低于男性。新中国成立初期,我国人均预期寿命仅 35 岁左右,低于世界平均水平 11.5 岁、低于发达国家近 31 岁,与世界最不发达地区的人均预期寿命相似。在 30 多年后，1980—1985 年期间，我国男性平均预期寿命为 66.8 岁，女性平均预期寿命为 69.2 岁，接近欧美发达国家 20 世纪 50—70 年代的平均期望寿命。根据国家卫生健康委发布的《2019 年卫生健康事业发展统计公报》，2019 年我国居民人均预期寿命为 77.3 岁，超过世界平均水平 4 岁，居于中高收入国家前列。2021 年我国人均预期寿命进一步提升至 78.2 岁，人民健康水平不断提高。短短 70 余年间，我国人均预期寿命实现了从落后到追平乃至反超世界平均水平。

3. 人口死因模式重大转变

根据世界卫生组织的定义，死因是"引发一连串病态事件直接导致死亡的疾病或伤害，或者产生致命伤害的事故或暴力环境"。主要死因是引起死亡的主要疾病或伤害。死因资料反映了社会经济发展、生活水平和医疗卫生条件等外在环境的优劣，是了解一个国家或地区人群健康状况、分析与改进医疗卫生服务的重要依据。新民主主义革命时期，饥荒、战乱和传染病是造成人口死亡的主要原因。新中国成立后，中国多年的战乱基本结束，许多烈性传染病得以控制，卫生环境得到很大改善。随之而来的便是人口健康水平提高，主要死因的死因别死亡率下降，人口死因模式发生重大变化，主要表现为向发达国家死因谱转变。80 年代时，中国人口死亡模式已经接近发达国家，主要死因转变为慢性退行性疾病。随着工业化、城镇化和现代化的发展，我国居民的疾病谱也在不断发生变化。进入 21 世纪，慢性退行性疾病导致的死亡在总死亡中的比重逐渐上升，成为威胁中国人口健康的第一大类疾病。根据《中国死因监测数据集 2020》的数据，2020 年我国顺位死亡原因前三位分别为心脏病、恶性肿瘤、脑血管疾病。心脑血管疾病、癌症等慢性非传染性疾病导致的死亡人数占总死亡人数的八成以上。

通过上述分析可以发现，经过数十年的努力，中国人口健康水平显著提高。中国人口健康水平能够实现如此大的跨越，既是妇幼健康事业、城乡卫生服务体系、卫生保障体系逐步完善的结果，也是党和国家在健康促进方面不断努力的成效。中国在如此巨大的人口规模下完成健康转变，对于世界人口死亡率的下降和平均预期寿命的提高作出了突出贡献，也为广大发展中国家如何在经济发展相对落后的情况下降低人口死亡率、增进人民健康福祉提供了经验借鉴。

习近平总书记曾指出："我们党从成立起就把保障人民健康同争取民族独立、人民解放的事业紧紧联系在一起。"[1]面对不同时期的具体国情和现实问题，党和政府始终以人民为中心，坚持服务全体人民的公平、普惠、广覆盖的卫生事业理

---

[1] 习近平在全国卫生与健康大会上强调：把人民健康放在优先发展战略地位 努力全方位全周期保障人民健康［N］.人民日报，2016-08-21（1）.

念与健康政策举措。从最初努力应对传染病，到关注日常疾病治疗和预防，到多轮医疗改革，再到健康中国战略的确立，工作重心从治病到预防再到健康，党和政府一直都在努力解决不同时期的现实人口问题和健康问题，并始终坚持服务全体人民、所有阶层、各个群体，走出了一条有中国特色的成功的健康转变之路。

党的十八大以来，以习近平同志为核心的党中央更是把保障人民健康摆在优先发展的战略地位。党的十九大作出了"实施健康中国战略"的重大部署，将维护人民健康提升到国家战略的高度。《"健康中国2030"规划纲要》《国务院关于实施健康中国行动的意见》《健康中国行动组织实施和考核方案》和《健康中国行动（2019—2030年）》等多份相关文件相继出台，有力地推动了卫生健康事业进一步发展。党的二十大报告也明确指出"推进健康中国建设"，充分体现了中国共产党以人民为中心的发展思想和对人民健康的高度重视。

二、健康转变各阶段党和政府所采取的政策措施以及治理理念

在新民主主义革命的土地革命战争时期，中国共产党领

导的红色政权就成立卫生行政组织来领导和应对连年流行的疫病灾害。这一时期，医疗建设的主要目标是防止疫病传染，保存革命力量。建党初期的卫生统计资料并不健全，部分年份的卫生建设记录有所缺失。1931年11月，中华苏维埃共和国临时中央政府专门设立卫生局统管卫生工作。同月，在瑞金创办了第一所军医学校——中国工农红军军医学校。由此，根据地的医疗卫生建设得到有序的指导，党领导的医学教育、医药卫生事业从此开始发展。

全面抗战时期，为保存抗战力量，在延安成立了总卫生部，对医疗机构实行军事化管理，强调全体为抗日前线服务。八路军卫生学校、陕甘宁边区医药学校等先后建立，通过医药训练班、助产士班、护士班等多种渠道培养卫生人才，建立起较为完善的战时医疗卫生体系，有力地为抗战军民身体健康提供保障，为抗战胜利作出重大贡献。此后随着革命形势的变化，党的卫生健康事业也得到更多的关注。解放区的卫生工作进一步发展，从保存革命力量、抢救前线伤员转向强调解决群众日常疾病的医治，其覆盖的人群和医治的范围也进一步扩大。

1950年8月，在第一届全国卫生工作会议中，毛泽东为大会题词："团结新老中西各部分医药卫生人员，组成巩固的统一战线，为开展伟大的人民卫生工作而奋斗。"1950—1951年间，党和政府出台多个关于卫生防疫的指示及政策，各地方卫生局、卫生防疫处逐步建立，公共医院在城市出现，公共卫生和初级保健服务开始建立。但是，新中国成立初期的卫生健康事业不容乐观。当时血吸虫病遍布大半个中国，威胁近四分之一的中国人口。中共中央专门设立防治血吸虫病领导小组，带领人民群众在挖新渠填旧渠的过程中填埋血吸虫病的中间宿主钉螺。由此创造了结合党组织、科学家和人民群众，用社会治理的方法改善公共卫生的中国奇迹。1952年，"卫生工作与群众性卫生运动相结合"被确定为卫生工作的一项基本原则，由此掀开全民参与爱国卫生运动的热潮，开展"除四害"运动。

1965年，毛泽东作出"把医疗卫生工作的重点放到农村去"的指示[①]。此后，"赤脚医生"与农村合作医疗制度迅速发展，农村三级医疗卫生保健体系逐步完善。农村合作医疗制度、赤脚医生和农村三级医疗卫生保健体系具有鲜明的中国特色，是中国共产党的创举，是计划经济时代农村地区的医疗实践产物，有效增进了农村居民的健康福祉。

1978年改革开放以来，家庭联产承包责任制在农村实行，企业经营自主权在城市放宽，社会主义市场经济体制逐步建立。集体经济在许多地方削弱甚至解体，以集体经济为基础的农村合作医疗也大面积解体，至1989年底，农村合作医疗覆盖率降至4.8%。与此同时，城市的公立医院以药养医的情

---

① 中共中央文献研究室.毛泽东思想年编：一九二一——一九七五[M].北京：中央文献出版社，2011：937.

况愈演愈烈，再加上大批农民进城打工，医疗领域供给不足，看病难、看病贵这一社会问题开始凸显。市场化改革虽然在一定程度上促进了中国医疗卫生事业的发展，但其所带来的弊病与中国共产党发展卫生健康事业的初心相违背。中国共产党代表着最广大人民的根本利益，我国的卫生事业以增进国民健康、促进人的全面发展为目的，只有全民、普惠、公平的服务于生命全周期、所有人群的卫生服务，才符合全体人民的健康发展要求。因此，医疗卫生体制改革迫在眉睫。

1989—2009年间，中共中央、国务院出台多项有关医药卫生体制改革的意见，力图革除公立医院的弊端，逐步构建社会医疗保险制度，实现人人享有基本医疗卫生服务的目标。2002年10月，《中共中央、国务院关于进一步加强农村卫生工作的决定》明确指出，要逐步"建立以大病统筹为主的新型农村合作医疗制度"[1]。农村合作医疗制度也迎来了新的发展阶段。2009年新一轮医改启动，打破原有的医疗服务体系，构建新的医保支付方式，破除以药养医，重申了政府在医疗卫生筹资和公共产品提供方面的主导作用。自党的十八大以来，在以习近平同志为核心的党中央坚强领导下，我国医疗卫生事业进一步发展。覆盖城乡居民的社会保障体系基本建立，人民健康和医疗卫生水平大幅提高。《2020年医疗保障

---

[1] 中共中央文献研究室.十五大以来重要文献选编：下[M].北京：人民出版社，2003：2604.

事业发展统计快报》显示，截至2020年底我国全口径基本医疗保险参保人数超13.6亿人，参保覆盖面稳定在95%以上。

2019年底新冠疫情大暴发，相比于很多西方国家早期应对病毒大流行时捉襟见肘的混乱局面，中国特色社会主义制度和突发公共卫生事件应急体系的巨大优越性在这场疫情防控中充分显露。习近平总书记多次主持召开中央政治局会议指导疫情防控工作。党中央专门成立应对疫情工作领导小组，加强组织领导和统筹协调。党组织和党员干部充分发挥了战斗堡垒作用和先锋模范作用。全国一盘棋，以有效的公共卫生防治体系和准确及时的防控措施，最大限度保护了人民生命安全和身体健康。

三、健康中国战略

中国特色社会主义进入新时代，人民群众对于卫生健康事业有了新的期盼与要求，我国卫生健康事业发展理念发生了重大变化。在新发展阶段，习近平总书记多次强调"把人民群众生命安全和身体健康放在第一位"[1]。2016年8月19日，习近平总书记在全国卫生与健康大会上指出："新形势下，我

---

[1] 中共中央党史和文献研究院．习近平关于统筹疫情防控和经济社会发展重要论述选编［M］．北京：中央文献出版社，2020：20．

国卫生与健康工作方针是：以基层为重点，以改革创新为动力，预防为主，中西医并重，把健康融入所有政策，人民共建共享。"①贯彻新时代党的卫生健康工作方针，不断满足人民群众日益增长的健康需求，健康中国建设应运而生。"健康中国"概念的提出在我国卫生与健康领域具有里程碑式的意义，标志着中国卫生健康事业的发展方式从以治病为中心转变为以人民健康为中心。

2016年10月25日，中共中央、国务院印发了《"健康中国2030"规划纲要》，明确指出要"全力推进健康中国建设，为实现中华民族伟大复兴和推动人类文明进步作出更大贡献"②。《"健康中国2030"规划纲要》作为我国健康领域的首个中长期规划，是"推进健康中国建设的宏伟蓝图和行动纲领"。该纲要从党和国家事业发展全局统筹部署了中国卫生健康事业的发展方向，提出一系列战略目标，"到2030年，促进全民健康的制度体系更加完善，健康领域发展更加协调，健康生活方式得到普及，健康服务质量和健康保障水平不断提高，健康产业繁荣发展，基本实现健康公平，主要健康指标进入高收入国家行列。到2050年，建成与社会主义现代化国家相适应的健康国家"③。该纲要共有八篇二十九章，全面、系统、有的放矢地规划了未来很长一段时间中国卫生与健康

---

① 习近平. 习近平著作选读：第1卷 [M]. 北京：人民出版社，2023：501.
② "健康中国2030"规划纲要 [M]. 北京：人民出版社，2016：2.
③ "健康中国2030"规划纲要 [M]. 北京：人民出版社，2016：6.

事业发展任务。

总体上,健康中国建设主要遵循"健康优先"、"改革创新"、"科学发展"和"公平公正"四大原则。建设健康中国的基本路径是共建共享,要促进全社会广泛参与,以提高全民健康素养,达到全民健康这一根本目的。这充分体现了健康中国的核心是以人民健康为中心,要惠及全人群,覆盖全生命周期,全面维护人民健康。对于中国这样一个人口在十亿量级、地域广阔的大国而言,只有全民、全覆盖、公平、普惠、托底的卫生健康政策才能快速有效地提升整体健康水平,真正保障人民健康,从而促进家庭稳定、经济发展和社会和谐。这是中国共产党在卫生健康事业上的工作智慧,更是中国共产党"为中国人民谋幸福,为中华民族谋复兴"的初心和使命的重要体现。

在党的十九大报告中,习近平总书记提出"人民健康是民族昌盛和国家富强的重要标志",明确指出实施健康中国战略,强调"坚持预防为主",完善国民健康政策[①]。由此,将维护人民健康提升到国家战略的高度。时任中央政治局委员、国务院副总理孙春兰指出,全面推进健康中国战略是保障人民享有幸福安康生活的内在要求,同时是关系我国现代

---

① 习近平.决胜全面建成小康社会 夺取新时代中国特色社会主义伟大胜利:在中国共产党第十九次全国代表大会上的报告[N].人民日报,2017-10-28(1).

化建设全局的重大决策，是维护国家公共安全的重要保障①。人民健康是国家之基。2019年，在国家层面成立健康中国行动推进委员会。随后，健康中国行动有关文件相继出台。国务院印发《关于实施健康中国行动的意见》，国务院办公厅印发《健康中国行动组织实施和考核方案》，国家层面印发《健康中国行动（2019—2030年）》。健康中国行动有关文件是推进健康中国建设的路线图和施工图。聚焦当前我国居民面临的主要健康问题以及相应的影响健康的因素，围绕疾病预防和健康促进两大核心，健康中国行动提出开展15个重大专项行动，包括健康知识普及行动、合理膳食行动、全民健身行动、控烟行动、心理健康促进行动、健康环境促进行动、妇幼健康促进行动、中小学健康促进行动、职业健康促进行动、老年健康促进行动、心脑血管疾病防治行动、癌症防治行动、慢性呼吸系统疾病防治行动、糖尿病防治行动和传染病及地方病防控行动。健康中国行动有关文件不仅明确了如何推进各项行动，还列出每一专项行动的主要指标，将居民主要健康指标纳入各级党委政府绩效考核指标。该行动把大卫生、大健康理念落到实处，是进一步落实健康中国战略的重要举措。

党的二十大报告明确指出，要推进健康中国建设，把保障人民健康放在优先发展的战略位置，建立生育支持政策体

---

① 孙春兰.全面推进健康中国建设［N］.人民日报，2020-11-27（6）.

系，实施积极应对人口老龄化国家战略，促进中医药传承创新发展，健全公共卫生体系，加强重大疫情防控救治体系和应急能力建设，有效遏制重大传染性疾病传播[①]。健康中国战略正一步步系统化和具体化，有力促进了我国卫生与健康事业的发展，增进了人民健康福祉。如今"每个人是自己健康第一责任人"的理念广泛传播，医药卫生体制改革不断深化，健康中国行动和爱国卫生运动深入开展，人民健康水平持续提高。

当前健康中国建设取得显著成效，居民主要健康指标居于中高收入国家前列，人民健康水平不断提高。但是，也应看到健康中国建设仍有很长一段路要走。随着人口老龄化程度的加深，规模巨大的老年人口康复、长期照护和精神需求等都亟须关注。与此同时，随着工业化、城镇化等进程的加快，我国慢性病发病率上升且呈年轻化趋势，职业健康、环境卫生、心理问题等都逐渐突出，重大传染病防控形势仍然严峻，人民群众日益增长的健康需求需要满足。在此情况下，实施健康中国行动，提高全民健康水平显得十分迫切。健康中国战略是新时代具有中国特色的卫生健康发展道路，我们需要深刻认识实施健康中国战略的丰富内涵，广泛参与到推进健康中国的建设中。

---

① 习近平.高举中国特色社会主义伟大旗帜 为全面建设社会主义现代化国家而团结奋斗：在中国共产党第二十次全国代表大会上的报告［N］.人民日报，2022-10-26（1）.

第三节 迁移转变：从"乡土中国"到"迁徙中国"

随着死因模式转变和生育转变的完成，我国的人口死亡率和生育率已下降到很低水平，在此形势下，人口的流动与迁移成为影响我国人口分布、结构和形势的关键因素，并对我国经济社会发展产生重要影响。人口的流动与迁移，有助于实现产业转移，推动了生产要素空间配置的效率化与集聚经济的产生发展，为经济社会平稳健康发展注入了强大动力，是现代社会发展的重要特征。

中国是一个发展中的人口大国，中国的人口迁移正像中国的经济体制改革和经济社会发展一样，经历过颇多曲折，发生过重大变化，表现出比较明显的阶段性特征，既受到人口迁移规律的影响，也与我国人口迁移政策的变迁密不可分。随着时代不断向前发展，我国流动人口的规模日益壮大，2020年，我国流动人口规模达3.76亿人，平均每4个人就有1个人在流动，人口流动是中国从安土重迁的乡土社会迈向现代社会的必然转变，中国的人口流动是大规模、全方位、多层次、多元化的流动，无论男女老少，无论东南西北，都在发生，并将长期保持下去。

一、新中国成立初期的自由流动

新中国成立初期，我国尚未建立严格的户籍管理制度，存在对人口流动自由的保护。除一部分有组织的计划性迁移外，总体以农村人口的自由迁移为主。1951年7月16日，公安部公布《城市户口管理暂行条例》，规定了对人口迁出、迁入、出生、死亡、社会身份变动等事项的管制办法，明确"保障人民之安全及居住、迁徙自由"[①]。当时的人口迁移以因社会经济秩序恢复和经济发展形成的自发性人口迁移为主，在地域流向上表现为以乡—城迁移为主。

"一五"计划开始实施以后，形成了新中国成立以后第一个比较稳定的人口迁移活动潮。1954年全国迁移人口为2 200万人，1955年迁移人口增长300万人，1956年迁移人口达到3 000万人。人口主要由东部沿海地区向黑龙江、新疆等东北、西北、华北"三北"边疆省区迁移，迁移目的主要分为工业建设和开垦荒地两类，迁移类型既有群众自发的

---

① 城市户口管理暂行条例［EB/OL］.［2023-06-30］.www.gd.gov.cn/2wgk/gongbao/1951/7/content/post_3352652.html.

经济性迁移,也有政府组织的计划性迁移。

二、户籍制度确立后的人口流动

1958年1月9日,全国人民代表大会常务委员会通过了《中华人民共和国户口登记条例》。户口登记自此有了法律依据,城乡二元户籍制度得到确立。《条例》也对人口流动作出了限制:"公民因私事离开常住地外出、暂住的时间超过三个月的,应当向户口登记机关申请延长时间或者办理迁移手续;既无理由延长时间又无迁移条件的,应当返回常住地。"[①]1975年修订后的《宪法》正式取消了有关迁徙自由的规定,人口流动受到极大的限制和约束。

这一时期的人口迁移以政治性迁移为主,经济性迁移相对较弱。代表性人口迁移流动主要有"大跃进"战略下的乡—城流动潮、延续上一时期的"支边"型人口迁移潮、"三线建设"人口迁移潮、饥荒避难潮和上山下乡等政治性人口迁移潮。尽管群众的自发性迁移流动依然存在,但受户籍制度等因素影响,自发性人口迁移流动并未占据人口流动的主流。

总体而言,城乡二元户籍制度的确立对我国人口的迁移

---

① 全国人民代表大会常务委员会法制工作委员会. 中华人民共和国法律(2013年版)[M]. 北京:人民出版社,2013:783.

流动产生了深远影响。从迁移文化来看,改革开放以前,人口迁移流动的文化是乡土背景下的"静"文化,广大人民居住的环境是封闭且稳定的,血缘与地缘共同构成了稳定不变的社会结构,迁移流动是少数人的选择。从人口迁移流动的活跃性来看,直到 20 世纪 80 年代,我国人口的空间流动性仍然很低,较少发生人口迁移和流动,大部分农民定居在先辈耕种的土地上,生于斯、长于斯、死于斯,少有离开故土的。依据 1988 年的全国生育节育抽样调查,我国八成以上人口从未离开过他们出生地所在的县,或者即使曾经离开过该县但在 1988 年调查时又返回了该县。尽管户籍制度下人口流动对经济发展的促进作用受到一定程度的限制,但这一时期的人口流动依然对我国经济社会发展产生了深远影响。

三、改革开放后的人口流动

改革开放以后一系列政策举措的颁布与改动,促成了我国从"乡土中国"向"迁移中国"的转变,人口迁移流动机制也从计划体制的刚性制约向市场机制的柔性调控转变,经济性人口流动开始占据人口流动的主流。

从人口流动的推力与拉力来看:一方面,家庭联产承包责任制的创造性改革形成了农村地区人口流动的推力;另一方面，城市经济体制改革形成了城市地区吸引人口的拉力。两者形成了推—拉合力，共同推动了我国农村人口向城市地区的迁移。2020年，我国流向城镇的流动人口占据了全体流动人口的九成左右。就推力而言，家庭联产承包责任制使我国农村地区的农作制度从集体经营的状态转变为以农户为基本决策单位，调动了农民粮食生产的积极性，为农业现代化和市场经济的发展奠定了重要的物质基础，也在农村地区形成了富余劳动力，形成了乡—城人口转移的先决条件。从拉力来看，改革开放以后，我国工业化的进程不断加快，城镇化和产业调整的速度得到提升，第二、三产业蓬勃发展，城市地区形成了大量的就业岗位，存在对大量劳动力的客观需求，构成了对农村地区剩余劳动力的拉力。

改革开放以后，我国人口流动的政策限制开始松动，政策方向从限制人口流动到管理人口流动、再到服务人口流动，使大规模的自发性人口流动得以成为可能。

1984年10月，《国务院关于农民进入集镇落户问题的通知》颁布，标志着户籍严控制度开始松动。《通知》规定："凡申请到集镇务工、经商、办服务业的农民和家属，在集镇有固定住所，有经营能力，或在乡镇企事业单位长期务工的，公安部门应准予落常住户口"[①]。1985年7月，公安部颁布《关于

---

① 国务院法制局. 中华人民共和国现行法规汇编（1949—1985）政法卷、军事及其他卷［M］. 北京：人民出版社，1987：71.

城镇暂住人口管理的暂行规定》，城市暂住人口管理制度走向健全。同年9月，作为人口管理现代化基础的居民身份证制度颁布实施。从80年代到90年代，尽管人口迁移政策有所松动，但是由于人口流动所带来的一系列就业、治安与劳动者权益保护问题，政府出台了一系列限制性政策。因此，这一时期的人口迁移流动政策实际上是有限制的放开，对于流动人口的服务管理，国家尚未形成成熟完备的理念和政策体系。从人口流动的情况来看，人口的空间流动性相对较低，流动人口中男性的比重不断上升。依据第三、四次全国人口普查数据，我国的流动人口性别比从1982年的84上升为1990年的125，即100名女性流动人口对应的男性人口数从84人上升为125人，男性比重从45.65%上升为55.56%。1990年全国人口普查数据显示，人口流动参与度只有1.9%，相当于100个人中仅有2个人参与了流动，人口流动的活力有待进一步激发。

20世纪90年代，在取消对人口流动限制的基础上，政府开始为流动人口解决一部分问题，趋向于鼓励人口流动，提升服务水平。1993年11月，《中共中央关于建立社会主义市场经济体制若干问题的决定》指出，"鼓励和引导农村剩余劳动力逐步向非农产业转移和地区间的有序流动"[1]。1998年7月22日，国务院下发了《国务院批转公安部关于解决当前

---

[1] 中共中央关于建立社会主义市场经济体制若干问题的决定[M].北京：人民出版社，1993：12.

户口管理工作中几个突出问题意见的通知》。《通知》的颁布进一步改革了户口登记制度和户口迁移政策,实现了户口制度的进一步松动。"管理"越过"控制"成为这一时期流动人口管理的重心所在,对于流动人口的社会服务也在逐步增加,流动人口的空间活跃性大幅提升,2000年人口流动参与度达到7.9%。人口迁移流动以省内流动为主,但跨省流动的人口规模也在不断上升。依据第五次全国人口普查数据,2000年我国省内流动规模达6 659万人,相较于1990年上升了5 000万人左右,但省内流动所占比重有所降低,从1990年的72.4%下降为2000年的61.1%。改革开放后的20年间,尽管人口流动的活跃性不断加大,但人口流动的距离依旧有所限制,广大的农村劳动力往往向就近的镇、县城和中小城市流动,人口的流动往往"离土不离乡"。

2000年以后,国家倡导的人口城乡有序流动机制开始逐步形成,户口管制不断放开,流动人口服务与管理体系不断完善。2001年3月,国务院同意公安部《关于推进小城镇户籍管理制度改革的意见》,实现了对小城镇户籍管理制度的进一步改革,粮油供应关系手续被废除[1]。2003年6月,国务院《城市生活无着的流浪乞讨人员救助管理办法》出台,《城市流浪乞讨人员收容遣送办法》废止,对流浪乞讨人员的管

---

[1] 国务院批转公安部关于推进小城镇户籍管理制度改革的意见[EB/OL].(2001-03-30)[2023-05-10].https://www.gov.cn/gongbao/content/2001/content_60769.htm.

理实现了从"强制收容遣送"到"自愿接受救济"的转变[①]。2006年,《国务院关于解决农民工问题的若干意见》出台,提出了解决农民工问题的四十字方针,即"公平对待,一视同仁;强化服务,完善管理;统筹规划,合理引导;因地制宜,分类指导;立足当前,着眼长远"[②]。2007年,党的十七大报告提出,要"加强流动人口服务和管理"[③]。2007年底,中共中央办公厅、国务院办公厅转发了中央综治委《关于进一步加强流动人口服务和管理工作的意见》,提出"公平对待、搞好服务、合理引导、完善管理"的新十六字流动人口工作方针。

2000—2010年间,流动人口政策的实行理念逐渐由管理转向服务,政策实施逐渐人性化,各方面制度发展更加成熟,对人口流动的限制进一步放开并逐渐取得政策支持。在此背景下,人口流动参与度得到进一步提升,2010年人口流动参与度达16.4%,较2000年近乎翻一倍。不仅如此,得益于新型城镇化和西部大开发等一系列发展战略的实施,我国人口迁移流动更加均衡。1978—2000年间,人口大多向东部地区流动,1982年东部地区流动人口占全国流动人口比重已居各

[①] 城市生活无着的流浪乞讨人员救助管理办法[EB/OL].(2020-01-21)[2023-05-10].https://zyzx.mca.gov.cn/n1025/n1034/c31152/content.html.
[②] 国务院关于解决农民工问题的若干意见[EB/OL].(2015-06-13)[2023-05-10].https://www.gov.cn/zhuanti/2015-06/13/content_2878968.htm?eqid=bd9155b600011ad200000006647310f6.
[③] 胡锦涛.高举中国特色社会主义伟大旗帜 为夺取全面建设小康社会新胜利而奋斗:在中国共产党第十七次全国代表大会上的报告[N].人民日报,2007-10-25(1).

地区榜首，比重高达 33.9%，此后的 18 年间，这一比重不断攀升，1990 年这一比重达到 45.4%，2000 年东部地区流动人口已占全国流动人口的一半以上（55.0%）。但 2000 年以后，这一比重逐渐下降，2020 年东部地区流动人口占全国流动人口的 46.9%，中部地区和西部地区的流动人口规模和比重逐渐增加，流动人口分布更加合理、均衡。

1978—2010 年间，流动人口中劳动年龄人口比重不断上升，从 1982 年的 53.4% 上升为 2010 年的 83.6%，保障了我国经济发展中人口数量红利的充分释放。在日益活跃的人口流动中，我国劳动年龄人口不断从农村流向城镇，从第一产业流向第二、三产业，从低经济效益部门流向高经济效益部门，保障了资源的有效配置与集聚经济的创造，保证了各区域、各行业劳动力的有效供给和产业结构的优化升级。不仅如此，在大规模的流动人口市民化的进程中，住房、教育、养老、医疗和休闲娱乐等多方面的需求被创造出来，拉动了城市基础设施和公共服务设施的投资，从消费与投资两个方面释放出巨大的内需潜力，成为我国经济发展的又一动力源泉。

四、新时代人口流动

党的十八大以来，以习近平同志为核心的党中央坚持以

"放权、松绑"为重点,着力打通人才流动、使用、发挥作用中的体制机制障碍,出台了一系列鼓励人才流动的政策。

2013年11月,《中共中央关于全面深化改革若干重大问题的决定》颁布,提出"创新人口管理,加快户籍制度改革,全面放开建制镇和小城市落户限制,有序放开中等城市落户限制,合理确定大城市落户条件,严格控制特大城市人口规模"①,确立了新型户籍制度改革的目标。2014年7月,《国务院关于进一步推进户籍制度改革的意见》正式发布。《意见》规定,要"进一步调整户口迁移政策,统一城乡户口登记制度,全面实施居住证制度"②。党的十九大报告提出,要"破除妨碍劳动力、人才社会性流动的体制机制弊端,使人人都有通过辛勤劳动实现自身发展的机会"③。党的二十大报告提出,"推进以人为核心的新型城镇化,加快农业转移人口市民化"④。新时期党和国家持续采取措施鼓励并合理引导人口流动,保障广大人民群众均能享受经济发展的红利。

2020年,我国流动人口规模已达3.76亿人,人口流动参与度上升至26.6%,广袤的中国大地上,平均每4个人就有

---

① 中共中央关于全面深化改革若干重大问题的决定[M].北京:人民出版社,2013:25.
② 国务院关于进一步推进户籍制度改革的意见[M].北京:人民出版社,2014:3.
③ 习近平.决胜全面建成小康社会 夺取新时代中国特色社会主义伟大胜利:在中国共产党第十九次全国代表大会上的报告[N].人民日报,2017-10-28(1).
④ 习近平.高举中国特色社会主义伟大旗帜 为全面建设社会主义现代化国家而奋斗:在中国共产党第二十次全国代表大会上的报告[N].人民日报,2022-10-26(1).

1个人在参与流动。日益兴旺的流动不仅限于农村地区，愈来愈多的城镇人口也开始参与流动。除了庞大的乡—城迁移人口潮之外，城—城流动人口也在迅猛增长。2020年，我国城—城流动人口规模达8200万人，较2000年增长了近4倍，人口流动并不会随着城镇化进程的推进而停止。流动人口的人力资源禀赋也在不断提升，受教育结构持续改善。流动人口平均受教育年限从1982年的5.6年上升至2020年的10.3年，未上过学和小学学历的人群占比不断下降，从1982年的28.5%和39.3%跌至2020年的1.7%和17.6%，高等教育学历人群占比不断攀升，大专及以上学历的流动占比从1982年的1.0%上升至2020年的22.2%。大规模流动人口与新时期高素质流动人口的存在及其在流动过程中对于我国劳动市场的贡献，不但保障了我国人口年龄结构转变中人口数量红利的释放，而且充分释放了我国教育事业推进下的人口素质红利，从而有效促进了我国经济的高速发展。

传统的"静"文化已被日益活跃的大规模的人口流动所打破，越来越多的个体离开熟悉的环境，从"离土不离乡"到"离土又离乡"，不断进入新的生活环境并成为其中的一员。在这一过程中，"熟人"社会转变成了"陌生人"社会，"动"文化正在中国大地上日益发展，迁移流动正逐渐成为新的社会常态。不仅如此，人们迁移流动的原因也趋于多元，不仅限于传统主流的务工经商。随着时代发展，务工经商尽管依旧是我国人口迁移流动的主要原因,但其占比呈下降趋势,与此同时,社会型流动(以随迁家属为代表)和发展型流动(以学习培训为代表)的占比一直呈上升趋势,此外,以追求宜居环境为目的的人口流动也不可忽视,广大人民群众正通过自身的迁移流动来实现对美好生活和自身幸福的不懈追求。

总而言之,改革开放以来,户籍制度等限制人口流动的制度性障碍正逐步缓解,人口迁移流动政策日益发展与完善,人口迁移流动的活力逐步得到释放,形成了日益壮大而多元的流动人口潮,人口流动总体上呈日趋活跃之势,又保持着健康稳定的发展。多元且持续的人口流动既是人民自发追求美好生活的必由之路,也是经济社会发展的必然选择。这一人口流动的过程,促进了广大农民生存环境和空间的改善与拓展,缓和了劳动力结构性不足的矛盾,满足了经济快速发展对劳动力的需求,促进了生产要素的优化配置和劳动产出效率的提高,推动了城市化的发展进程,有助于推动区域间的共同富裕和经济均衡发展,提高了广大人民群众的生活水平,极大地推动了中国经济发展与现代化进程。没有大规模的人口流动,就难有中国现代化的发展。幅员辽阔、体量庞大、人口众多,流动起来的中国,拥有着面向未来一往无前的强大势能。

| 第三章 |

人口规模巨大的中国式现代化的战略优势

新中国成立特别是改革开放以来,在巨量级人口规模条件下,中国人民在中国共产党的领导下,通过自己的不懈奋斗,用几十年时间走完了发达国家200多年走过的工业化历程,更在近10年间通过脱贫攻坚,使近亿贫困人口摆脱贫困,将区域性、整体性贫困现象送进历史,创造了经济快速发展和社会长期稳定的奇迹,实现了城乡居民生活水平的整体性跃升,全面建成了小康社会,为中国式现代化的全面实现奠定了坚实的基础,为中华民族伟大复兴开辟了广阔前景。

在新时代,超过14亿的规模巨大的中国人口,从数量、结构、质量三方面为经济的高质量发展提供了战略基础,形成了中国式现代化的人口战略优势。要通过正确看待我国人口发展新形势,努力保持适度生育水平和人口规模;进行教育强国建设，全面提高人口科学文化素质、健康素质、思想道德素质，加快塑造素质优良、总量充裕、结构优化、分布合理的现代化人力资源，以人口高质量发展推动经济高质量发展，支撑中国式现代化。

第一节　人口规模：巨量级人口带来的规模效应

一、人口的规模效应能够促进经济的增长

我国的人口规模超过现有发达国家人口的总和，中国式现代化是 14 亿多人整体的现代化，也是人类发展史上前所未有的现代化。纵观当前世界已经实现了现代化的国家，如美国、英国、德国等，由人口创造的规模效应助推了它们经济的转型升级与快速发展。第七次全国人口普查数据显示，截至 2020 年 11 月 1 日零时，我国总人口已经达到 14.12 亿人[①]，约占世界总人口（约 80 亿人）的 18%。如此巨大的人口规模为我国的经济增长提供了充分的动力机制。

---

① 未包括香港、澳门特别行政区和台湾地区人数。

从人类发展历史来看，人口增长对经济发展具有不可忽视的积极作用。人口与经济增长的关系问题一直是人口学和经济学领域重点研究与讨论的问题：亚当·斯密认为人口增长有利于经济增长，市场规模的增加可以促进劳动分工和专业化的加强，进而提高劳动生产率，促成经济增长；朱利安·西蒙认为人口增长对经济增长具有正反馈效应，大规模人口提供更多的智力资源，促进技术进步从而提高劳动生产率。

现实也证明，许多人口规模较大的国家也同时具备较高的经济发展水平。在大航海时代将全球连为一体之前，欧亚非大陆的经济发展水平远高于美洲和大洋洲，地广人稀的大洋洲长期停留在文明发展的早期阶段。时至今日，这一规律仍然具有一定的适用性，较大规模的人口与经济发展依然能够相伴相生。以欧洲经济发展比较稳定的国家为例，将2021年欧洲主要人口大国与经济大国分别进行排序对比（见表3-1），发现在排行前十的人口大国中，有8个国家的国内生产总值在欧洲也排行前十，俄罗斯、德国、法国、英国、意大利、西班牙、波兰、荷兰等人口规模较大的国家均同时具备较高的经济发展水平。放眼世界，经济体量排行前三的美国、中国、日本同样具备人口大国的特征，人口规模无疑对经济发展起到了良好的支撑作用。

表3-1　2021年欧洲主要人口大国的人口数与国内生产总值比较

序号	国家	人口（万人）		序号	国家	国内生产总值（亿美元）
1	俄罗斯	14 407		1	德国	38 464
2	德国	8 316		2	英国	27 569
3	法国	6 738		3	法国	26 303
4	英国	6 708	对比	4	意大利	18 926
5	意大利	5 945		5	俄罗斯	14 883
6	西班牙	4 736		6	西班牙	12 815
7	乌克兰	4 413		7	荷兰	9 139
8	波兰	3 790		8	瑞士	7 522
9	罗马尼亚	1 926		9	波兰	5 966
10	荷兰	1 744		10	瑞典	5 415

资料来源：世界银行数据库。

二、巨量级的人口创造了中国经济发展的奇迹

在不断推进现代化的过程中，我国巨量级的人口对经济增长产生了正向的规模效应。首先，我国巨大的人口规模造就了庞大的市场规模和消费潜力，使我国拥有世界上其他任何经济体都无法比拟的优势。其次，数量占优的人口条件同时蕴含着丰富的智力资源与创新潜力，庞大的人口基数能提供更多的创新型人才，为技术进步投入更多人力资源，在庞大市场下推动企业进行新技术研发、提供资源支撑，促进劳

动生产率提高与经济增长。

总人口数是刻画我国人口状况最直观的指标。新中国成立以来，除了1959—1961年总人口减少的特殊情况外，我国人口规模总体上呈现出不断扩大的趋势。新中国成立初期人口总量仅为54 167万人，经过不断发展，于2021年人口达到峰值——141 260万人。人口自然增长率从另一个侧面描绘了人口规模的变动状况：2022年以前，我国人口自然增长率除了三年困难时期外均为正，在20世纪60年代计划生育开始提倡后逐年下降，在单独二孩、全面二孩等鼓励生育政策提出后小幅反弹，其后又趋于下降。

改革开放后，中国经济处于持续增长状态，进入新世纪之后更是驶入经济飞速增长的"快车道"。以国内生产总值为参考指标来看我国的经济增长状况（见图3-1），我国国内生产总值从1952年的679.1亿元增至2021年的1 149 237.0亿元，创造了从"僧多粥少"的贫困大国到世界第二大经济体的经济奇迹。除了经济总量的增长外，人均国内生产总值指标可简单衡量劳动生产率增长情况，反映经济增长强度。图3-2展示了我国1952—2022年人均国内生产总值的变化情况，从1952年的100元出头增长至2022年的85 698元。根据国家统计局数据，1978—2020年人均国内生产总值年均增长率为8.2%[①]，相比于新中国成立初期的缓速上升，改革开放拉动

---

① 蔡昉.中国式现代化：发展战略与路径［M］.北京：中信出版集团，2022：21-22.

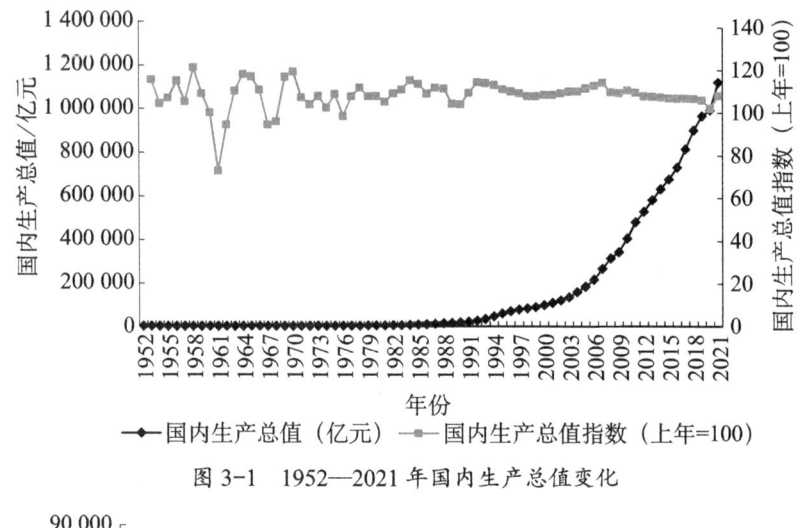

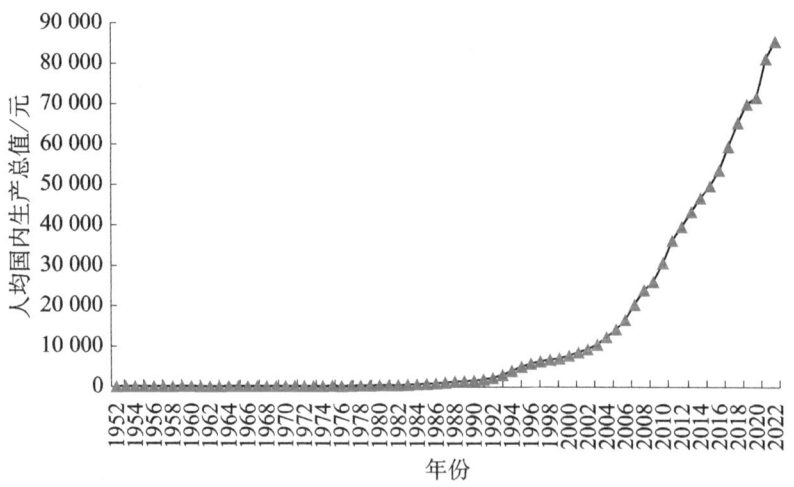

图 3-1　1952—2021 年国内生产总值变化

图 3-2　1952—2022 年人均国内生产总值

资料来源：国家统计局。

了人均国内生产总值迅速增长的引擎。

人民群众是推动新中国发展进步的力量源泉，我国经济发展过程中出现的增长奇迹和实现的前所未有的经济赶超，离不开规模巨大的人口的发愤图强和艰苦创业。在我国社会主义经济建设早期，劳动力与物质资源的投入产生了规模经济效益，人民群众有效地流入国家建设的各行各业，满足了我国经济高速发展时期劳动密集型产业的劳动力需求，使我国建立起完善的基础工业体系，创造了经济发展的总量奇迹。根据世界银行数据库数据，新中国成立之后的很长一段时间，我国人均国内生产总值处于极低状态，随着经济建设不断推进，人均国内生产总值在1992年超过低收入国家水平线，2008年超过中等收入国家水平线，2018年超过中高收入国家水平线。虽然我国经济发展起点低，但经济追赶速度快，国内生产总值和人均国内生产总值年增长率长期位于世界前列，人均国内生产总值年增长率甚至在1965年和1984年达到世界第一的水平。不同于高收入国家经济发展的后劲减缓，也不同于低收入国家经济崛起的缓慢，我国凭借巨大的人口规模优势与科学的发展战略，在推进经济发展的中国式现代化过程中取得了巨大的成就。

习近平在2022年亚太经合组织工商领导人峰会上指出："世界上实现工业化的国家不超过30个，人口总数不超过10亿。中国14亿多人口实现现代化将是人类发展史上前所未有的大事。中国经济社会的更好发展，归根结底要激发14亿多人民的力量。"① 根据世界银行数据库，2022年，中国人口

---

① 习近平. 坚守初心 共促发展 开启亚太合作新篇章：在亚太经合组织工商领导人峰会上的书面演讲［N］. 人民日报，2022-11-18（2）.

占世界总人口的 17.8%,而中国的国内生产总值占全世界的 17.9%,中国以人口大国与经济大国的形象屹立于世界民族之林。

三、巨大的人口规模有利于促进经济高质量发展

高质量发展是我国当前和今后一个时期确定发展思路、制定经济政策、实施宏观调控的根本要求。2017 年,党的十九大报告首次提出"我国经济已由高速增长阶段转向高质量发展阶段"的论断[1]。2020年,习近平总书记在中央财经委员会第七次会议上首次提出构建新发展格局概念,并指出:"国内循环越顺畅,越能形成对全球资源要素的引力场,越有利于构建以国内大循环为主体、国内国际双循环相互促进的新发展格局,越有利于形成参与国际竞争和合作新优势。"[2]在党的十九届五中全会审议通过的《中共中央关于制定国民经济和社会发展第十四个五年规划和二〇三五年远景目标的建议》中,党中央提出"加快构建以国内大循环为主体、国内

---

[1] 习近平.决胜全面建成小康社会 夺取新时代中国特色社会主义伟大胜利:在中国共产党第十九次全国代表大会上的报告[N].人民日报,2017-10-28(1).
[2] 中共中央党史和文献研究院.十九大以来重要文献选编:中[M].北京:中央文献出版社,2021:496.

国际双循环相互促进的新发展格局"①。党的二十大报告也再次提出要"加快构建新发展格局，着力推动高质量发展"②。

规模巨大的人口是促进经济高质量发展的重要引擎。新时代，我国人口国情也呈现出新的特征——处于转型期的中国人口正迈入负增长域，但毋庸置疑的是，我国是人口大国这一事实不会改变，人口规模巨大依然是我国未来现代化的主要特征之一。根据国家统计局最新数据，2022年我国人口达到141 175万人，人口自然增长率为-0.6‰，首次在正常年份低于0，标志着我国正式进入人口负增长时期（见图3-3）。放眼全球，根据《世界人口展望2022》中方案预测数据，2021年发达国家总人口为12.76亿人，仅为中国人口总量的89.5%，而且在今后很长一段时间，中国人口仍将处于规模巨大、临近峰值的"高原期"，依然有庞大的人口规模优势可资利用。人口规模巨大的现实依旧存在，要实现社会主义现代化，建成社会主义现代化强国，依然要在人口规模巨大的背景下继续奋斗。

人口规模巨大是我国经济社会发展最深刻、最基础的现实特征，当下以及未来的很长一段时间内，我们仍应正确认

---

① 中共中央关于制定国民经济和社会发展第十四个五年规划和二〇三五年远景目标的建议[M].北京：人民出版社，2020：6.

② 习近平.高举中国特色社会主义伟大旗帜 为全面建设社会主义现代化国家而团结奋斗：在中国共产党第二十次全国代表大会上的报告[N].人民日报，2022-10-26（1）.

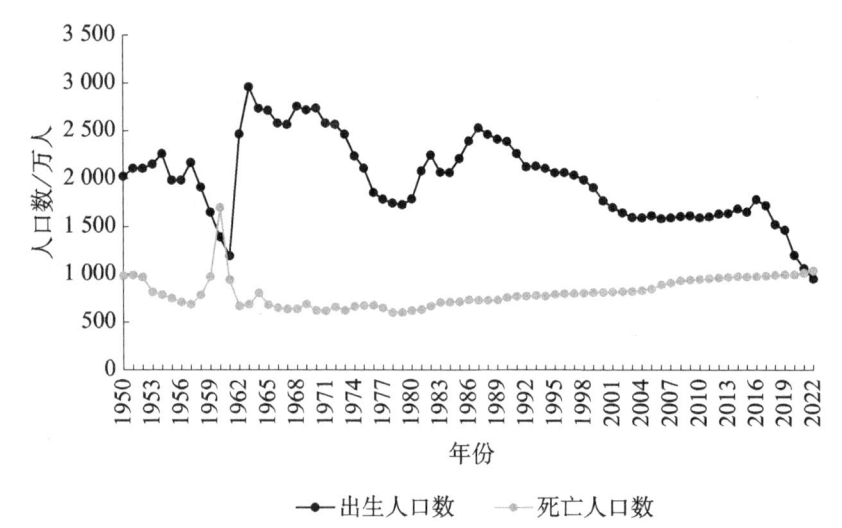

图 3-3 1950—2022 年中国出生人口与死亡人口数量变化

注：1996 年及以前、2000 年、2010 年和 2020 年数据为推算数，其他年份数据为当年统计公报数。

资料来源：国家卫生健康委员会人口监测与家庭发展司. 人口与计划生育常用数据手册 2017 [M]. 北京：中国人口出版社，2018；历年统计公报。

识人口规模巨大的基本国情，即使在负增长的背景下，我国巨量级的人口同样将为经济发展创造空间，因此应挖掘人口规模巨大的潜力，将其蕴含的能量转化为中国式现代化发展道路上的战略优势。在现代化建设和经济发展的新时期，人口的规模效应既包括供给侧的劳动力潜在优势，又体现在需求侧经济增长内生动力的提升。在"双循环"的新发展格局框架下，规模巨大的人口对于推动经济高质量发展具有重大作用。

1. 规模巨大的人口有助于发挥超大规模市场优势

《扩大内需战略规划纲要（2022—2035 年）》提出，改革开放以来特别是党的十八大以来，我国扩大内需取得显著成效：消费基础性作用持续强化，最终消费支出占国内生产总值的比重连续 11 年保持在 50% 以上；投资关键作用更好发挥，资本形成总额占国内生产总值的比重保持在合理水平。中国现代化建设的经验证明，对于我国这样的人口大国而言，未来依然要将扩大内需作为经济增长的主要引擎。中国庞大的人口规模蕴藏着巨大的市场潜力，也意味着巨大的国内市场需求能力。一方面，巨大的国内需求对市场提出要求，敦促市场扩大生产、追加投资、推进分工与专业化，提高生产率。同时大规模的消费需求有助于新兴产业的培育壮大，也有利于基础产业充分发展，多管齐下实现经济快速增长。另一方面，只有庞大的人口规模能消费巨额的产出总量，避免因生产过剩产生浪费。在当前的生产技术水平下，专业化加持后的生产效率极高，小规模国家不足以吸纳全部产出，需依靠国外市场，缺乏稳定性。而对于中国这样的人口大国，巨量产出主要被庞大的国内人口稀释消费，能够很好地实现供需平衡。

2. 规模巨大的人口有助于保障劳动力供给

参与经济建设、创造经济效益的主要群体是劳动力群体，巨大的人口规模可以保障有效劳动力供给的规模充足和稳定。

衡量劳动力供给的一个有效指标是劳动年龄人口规模。劳动年龄人口指社会总人口中处于劳动年龄范围内的人口，国际上通常将15～64岁人口列为劳动年龄人口，我国基于退休年龄规定，将16～59岁人口定义为劳动年龄人口。根据《世界人口展望2022》中方案预测数据，可以呈现和预测我国1950—2050年16～59岁劳动年龄人口规模变化情况（见图3-4）。新中国成立后的几十年里，我国在人口总量持续增长的情况下，劳动年龄人口规模也处于高位，并于2011年达到峰值9.1亿人，虽然其后劳动力供给开始缓慢下降，但直到2016年一直保持在9亿人以上的高位。到2035年劳动年龄人口预计为8.08亿人，2050年仍有超过6亿人的劳动力规模。在巨大的人口规模基础上，我国劳动力绝对供给一直处于较大的体量，劳动力规模大于世界上绝大多数国家的总人口数。正所谓"人多力量大""集中力量办大事"，未来相当长一段时期我国将依然保持高位的劳动力供给，为实现较低的劳动力成本创造了可能性，结合我国地大物博的空间资源优势，可以有效促进生产规模的扩大。

3. 规模巨大的人口有助于增强劳动分工、保障科技创新

经济发展伴随着社会劳动分工的不断深化，巨大的人口规模保障劳动分工的深化与科技创新的发展，二者相辅相成，共同推动劳动生产率的不断提高，促进经济高速、高质量发展。

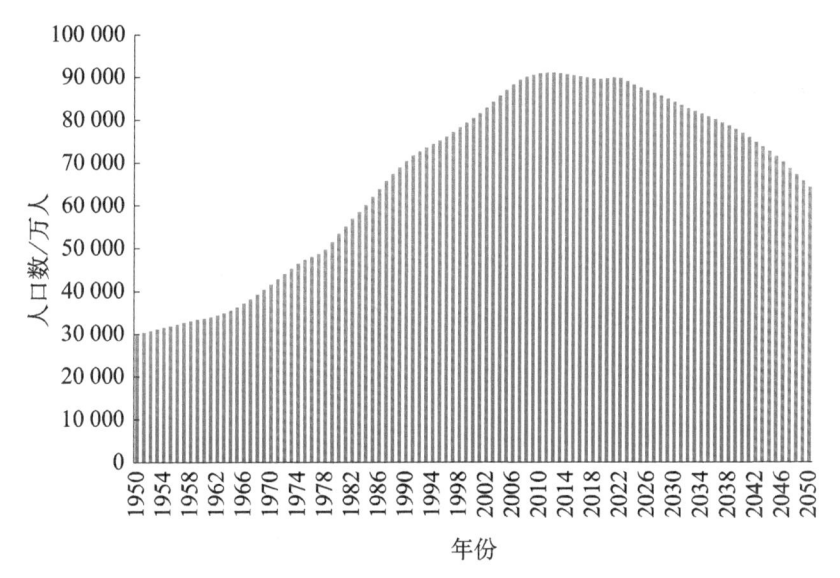

第三章 人口规模巨大的中国式现代化的战略优势

图 3-4　1950—2050 年中国 16～59 岁人口数

资料来源：由《世界人口展望 2022》中方案预测结果计算而来。

一方面，巨大的劳动人口投入在扩大生产规模的同时能够促进社会分工。亚当·斯密最早提出劳动分工论，并用制作扣针的例子论证劳动分工对生产率提高的巨大作用。一个劳动者单独制作完整扣针效率很低，但如果进行分工，将扣针的制造细化为若干种操作，分别由不同的人专门操作，则能极大提高生产效率。庞大的市场规模是劳动分工的重要前提，一个只有少量人的群体完全可以依靠自主生产实现自给自足，但是随着人口规模的扩大，需求的产品数量攀升，种类多样化，因此促成劳动分工的产生。另一方面，巨大的人口规模为劳动分工提供了充沛的供给与选择空间，在产品生产的各环节都有足量的劳动力供给，充分放大劳动分工的优势，劳动生产率提高带来的经济效益在人口规模作用下释放乘数效应。我国是制造业大国，在工厂的各条流水线上，无数的劳动力投入在生产制造的各环节，劳动分工与专业化训练为我国成为世界第一制造业大国作出了贡献。在从制造业大国向制造业强国的转型中，社会分工必将进一步细化与科学化，在此情况下，依然巨大的人口规模具有绝对的乘数效应，有助于促进国民财富进一步增长。

技术进步是保证经济持续增长的重要决定因素，而人口规模可以通过影响技术创新作用于经济增长。首先，人口规模越大的国家，其拥有的发明创新者规模也越大，有更多的高级技术人员和研究者投入创新研究，因此在技术进步方面能够取得规模优势，促进劳动效率的提高和经济增长。其次，巨大的内需对市场生产提出更高的要求，倒逼技术创新。庞大的市场需求吸引许多企业参与市场竞争，在激烈的竞争下，企业为获取更多利润不断提高生产效率，在投入劳动力、提高分工程度与专业化的尝试外，自发进行技术创新。而庞大的市场规模使创新研发的人均分摊成本极小，研发的风险降低而收益可观。在竞争性驱动与低成本的双重激励下，企业投入技术创新，并且扩散到行业整体。丰富的创新型资源供给与积极的创造研发行动为技术进步创造了合适的环境，进而驱动经济增长。

4. 规模巨大的人口有助于促进产业结构优化升级

新中国成立 70 多年来，我国产业发展规划由最初的优先发展重工业不断调整升级，第三产业重要性不断提升，从一个以自然经济为主的经济体成长为一个以现代工业和服务业为主体的现代化经济体系，并且不断加强对新兴产业的发展培养，推动产业结构进一步高级化、合理化发展。巨大的人口规模对于促进产业结构的优化升级具有规模效应。随着生活水平的提高，人民群众的消费观念逐渐改变，大规模的人口呈现出多元化的特征，消费结构从生存型消费向享受型和发展型消费转变，信息技术产业、文化娱乐产业等经济业态的发展丰富了人民群众的生活，消费需求的转向刺激产业结构的升级。在劳动生产率提高、基础行业劳动力需求量相对减少的同时，富余的劳动力资源由第一产业和第二产业流入第三产业，技术进步使产业结构从劳动密集型产业为主向更多依靠资本密集型和技术密集型产业转变，发展方式从粗放型、低技术水平向资源与劳动集约型、高技术水平转变。市场需求是引导企业发展的罗盘，大规模市场需求对新的产业发出了诉求信号，巨大的人口规模既能填补产业发展的人力资源需求，又能容纳产业转变后的新市场体系，人口规模助推了产业结构升级。

5. 规模巨大的人口有助于保障区域经济协调发展

在区域经济发展的过程中，往往会在条件优越的地区形成经济增长极，吸纳资源和劳动力，实现率先发展，这一过程被称为集聚效应或极化效应，增长极因此与区域其他部分拉开差距。当经济发展到一定程度后，经济发展则会产生扩散效应或涓流效应，带动周边地区发展。对于我国这样的大国而言，广阔的国土空间下人口、资源、环境等无可避免地非均衡分布，不同区域对于经济产业发展具有不同的适配性，因此区域经济的兴起繁荣具有时间先后与程度高低的差别，适于经济发展的地区凭借区位优势吸引包括人口在内的生产要素，形成经济增长极率先发展。在这一过程中，大规模人口带来的充裕劳动力源源不断地流向增长极，保证了该区域经济的兴起。例如改革开放后，我国东部沿海地区成为名副其实的经济增长极，吸引全国人口流入参与经济发展，成为经济发展的先行者。当经济增长极发展到一定程度后，应该着眼于将自身有利于发展的资本、人才等要素向周边扩散，带动周边地区发展，增进区域协调。

党的二十大报告提出要进一步促进区域协调发展，"推动西部大开发形成新格局，推动东北全面振兴取得新突破，促进中部地区加快崛起，鼓励东部地区加快推进现代化。支持革命老区、民族地区加快发展，加强边疆地区建设，推进兴边富民、稳边固边。推进京津冀协同发展、长江经济带发展、长三角一体化发展，推动黄河流域生态保护和高质量发展。高标准、高质量建设雄安新区，推动成渝地区双城经济圈建设"①。在各大战略布局推进过程中,人口规模再次成为实现区域产业分工的重要依靠,地理空间提供了产业转移安置的容器,产业区域转移也依赖于国家的财政扶持以及全国供给充足且能自由流动的劳动力。正是劳动人口响应国家号召,追寻经济效益,投入全国四方,才促成了西部大开发、中部崛起等重大战略的成功实践。相较而言,人口规模较小的国家则不能满足国内大规模产业转移的需要,要依靠国际市场进行转移。

6. 规模巨大的人口有助于推动国际循环

在供给层面,巨大的人口规模使国内产品在国际市场产生比较优势,具有国际竞争力。其一,数量方面,大规模的劳动力供给使劳动力成本相对较低,特别是在劳动密集型产业中,从而使得产品价格能相对低廉,形成出口优势;其二,素质方面,大规模的高素质劳动力能提高劳动生产率,使劳动力本身成为具有比较优势的生产要素。在需求层面,习近平总书记指出:"我国经济已经深度融入世界经济,同全球很多国家的产业关联和相互依赖程度都比较高,内外需市场本身是相互依存、相互促进的。"② 庞大的市场需求吸引国

---

① 习近平.高举中国特色社会主义伟大旗帜 为全面建设社会主义现代化国家而团结奋斗:在中国共产党第二十次全国代表大会上的报告[N].人民日报,2022-10-26(1).
② 习近平.论把握新发展阶段、贯彻新发展理念、构建新发展格局[M].北京:中央文献出版社,2021:12.

外产品流入与产业转入。首先，大规模的消费人口形成巨大商品需求，巨额商品进口总量使我国成为世界商品消费大国，在国际市场具有重要地位。其次，巨大的市场规模和空间资源环境吸引外国产业转入我国，有助于我国深度参与国际分工。同时，我国可以利用巨大国内市场引致的进口贸易和产业转入吸收国外最新技术、优秀人力资源、先进管理经验等，充分获取技术溢出收益，促进国内技术更新发展与产业升级。人口规模带来的市场规模优势能够助力我国争取开放中的战略主动，建设更高水平开放型经济新体制，实施更大范围、更宽领域、更深层次的对外开放。

第二节　人口结构：人口红利创造中国经济发展的奇迹

一、传统人口红利助推经济发展

人口数量从总量水平上对经济发展产生规模效应，人口结构则聚焦人口内部年龄构成，通过结构效应对经济发展产生影响。经过数十年人口转变，我国人口年龄结构已经经历了从年轻型人口转向成年型人口的过程，朝着老年型人口的方向不断深化。改革开放以来，巨大的劳动年龄人口规模形成的人口红利，一度创造了我国经济发展的奇迹。随着老龄社会到来，人口机会窗口依然开放，我国也将通过新的方式创造经济效益。

人口红利指的是在一个时期内人口生育率迅速下降，社会抚养负担相对较轻，总人口中劳动年龄人口比重上升，从而在老年人口比重达到较高水平之前，形成一个劳动力资源相对比较丰富，对经济发展十分有利的黄金时期。当一个国家（地区）的大部分人口都处于劳动年龄阶段，则规模庞大的劳动年龄人口能更多参与生产，促进经济增长，即产生人口红利。

人口红利时期，人口常呈现出"中间大两头小"的年龄结构，即劳动年龄人口比重较大，被抚养人口比重相对较小，总抚养比不超过50%。联合国关于人口红利的另一个标准，则为0～14岁少儿人口比重和65岁及以上老年人口比重分别低于30%和15%[①]。在适当的经济社会政策环境下，上述特定的人口年龄结构的潜在优势若能充分发挥，人口机会方能转化为经济增长的结果，形成人口红利。

中国早已开启了人口机会窗口，并享受了很长时间的人口红利。图3-5展示了1990—2050年中国人口抚养比情况[②]。

---

① 也有研究称之为"人口机会窗口"。
② 为方便判断人口机会窗口的开启，在抚养比分析部分将我国劳动年龄人口界定为15～64岁。

1992—2010年总抚养比经历了长时期的下降，2010年总抚养比达到最低值34.2%。在之前近20年的时间里，人口机会窗口大开，人口红利充分作用于经济高速发展。2010年之后，总抚养比缓慢上升，逐渐出现了关于"人口红利消失"的论断，但实际上，直到现在我国总抚养比依旧低于50%。步入新时代，我国人口红利存在减弱趋势，但仍存在着长期的人口机会窗口。根据人口预测结果，未来几年中国总抚养比将再次下降，参考人口机会窗口开启的标准（即总抚养比低于50%），1993年我国人口机会窗口开启，直至2035年抚养比高于50%才面临关闭。

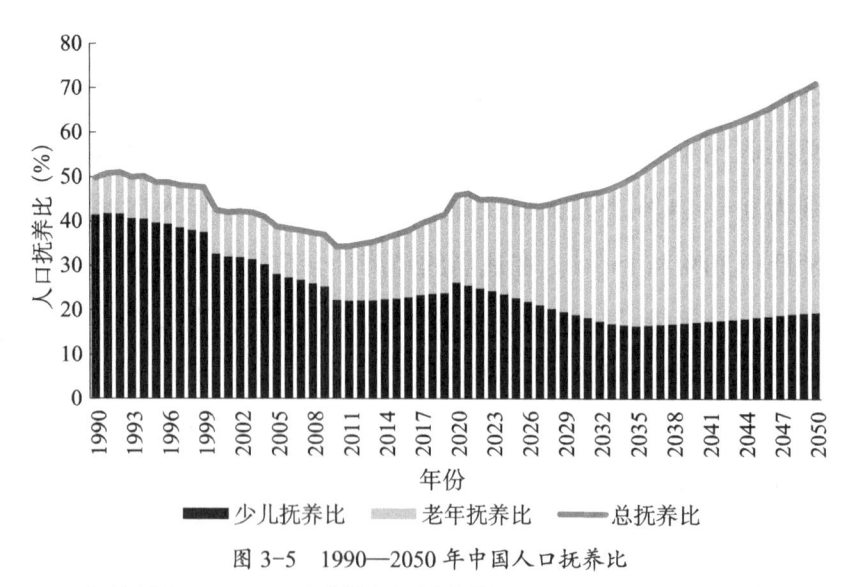

图 3-5 1990—2050年中国人口抚养比

资料来源：1990—2021年数据来自国家统计局，2022—2050年数据来自《世界人口展望2022》中方案预测。

人口机会窗口开启期间,较多的劳动力供养非劳动力人口,社会抚养负担较轻,在政策支持下,充沛的劳动力资源、低龄老龄化的人口结构特征为收获经济发展的人口红利创造了条件。中国过去几十年经济的高速增长很大程度上得益于特殊的人口结构产生的人口红利,相关研究测算表明,尤其是21世纪以来,中国每年实现的国内生产总值中人口红利的贡献份额已经超过了10%。

人口红利的经济效益主要体现为规模优势和结构优势。一方面,劳动年龄人口创造充分的人口机会窗口。巨量的总人口规模加上较高的劳动力比重共同造就了规模庞大的劳动年龄人口,作为经济建设柱石的劳动年龄人口给市场提供充分的劳动力资源,创造如前文所言的人口规模效应:足量的劳动力供给使经济发展产生规模效应,在人口红利初期通过劳动密集型产业的迅速扩张拉动了经济增长;劳动力供给有利于促进市场分工与科技创新,提高劳动生产率;充沛的劳动力在区域间、产业间自由流动,保证了劳动力要素的有效配置,从而实现产业结构升级与区域协调发展。

另一方面,大量的劳动人口负担小部分被抚养人口,有利于促成资本积累。较低的抚养比、较为年轻的人口结构通过储蓄影响经济发展。布伦贝格和莫迪利安尼的生命周期假说认为,理性的消费者会根据一生的收入总值安排自己在各阶段的消费,以使各时期消费平稳,效用在整个生命周期中达到最大。由于个体理论上在老年期不具备足够的获取收入的能力，因此会在成年期工作时进行储蓄预备老年时期的消费，在老年期则进行负储蓄。当一个经济体中劳动人口较多，相应的抚养比较低时，该经济体的储蓄率就较高。在人口红利时期，高储蓄、高投资、高增长成为经济发展的长期现象。高储蓄是中国经济发展的一大特征（见图3-6）。中国总储蓄占国内生产总值的比重在21世纪前主要在30%到40%波动，进入21世纪后有所攀升，在40%到50%波动，甚至一度高于50%，而世界平均水平一直位于20%至30%之间，中国储蓄水平长期显著高于世界平均水平，并且总储蓄占比迅速攀升的21世纪前十年与人口抚养比迅速下降的十年相呼应。较高的储蓄水平为消费与投资积累了经济基础，储蓄存款为居民生活提供了保障，也为消费质量的提升与消费结构升级提供了资金支持。同时，储蓄使更多资本在市场流通，通过投资机制作用于经济增长。此外，庞大的储蓄量还保证了我国经济安全，维持金融市场的稳定畅通，足量的资金流入使银行等金融机构得以正常运营，避免债务危机。美国经济学家史蒂芬·罗奇还提出，高储蓄率使中国经济韧性十足，在中国经济由制造业主导的生产型模式让步于服务业主导的消费型模式这一结构性转型过程中，经济增速放缓在所难免，但巨大的储蓄可提供缓冲作用，减小主权债务负担。

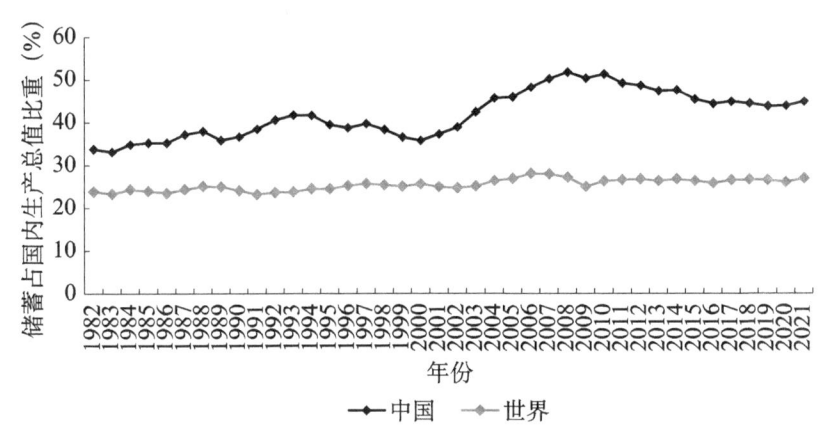

图 3-6　1982—2021 年中国与世界储蓄占国内生产总值比重
资料来源：世界银行数据库。

除此之外，人口红利有助于人力资本的积累提升。人口抚养比的快速下降主要得益于少儿抚养比的下降，计划生育政策的施行效果明显，人口出生规模大幅下降，独生子女逐渐成为主流。根据子女的"数量—质量替代"理论，当一个家庭中子女数量减少时，父母会关注于提升已有子女的质量。人口红利时期，经济迅速增长伴随着居民收入水平不断提升，而低抚养比对应着低抚养负担的现实，家庭中父母能够积累下更多的经济资本用于对子女的教育投资，并且随着《义务教育法》等法律的颁布与不断修正，少儿受教育机会扩大，受教育质量提升，由此为后续的经济建设积累下足够的人力资本。

二、低龄老龄化创造了充分的长寿红利

当前我国人口结构不断老化，呈现低龄老龄化的特征。一方面，我国早已开启人口老龄化时代，其带来的劳动力规模相对缩小、社会抚养负担加重的问题不容忽视。图 3-7 展示了我国老龄化水平的变迁历程。世纪之交时，我国 60 岁及以上老年人口占比超过 10%，65 岁及以上老年人口占比达到 7%，进入老龄化社会，庞大的劳动年龄人口逐渐步入老年阶段，社会年龄结构向老年型发展；预计 2024 年我国 60 岁及以上老年人口比重超过 20%，向中度老龄化社会迈进；预计 2035 年，我国步入重度老龄化水平。

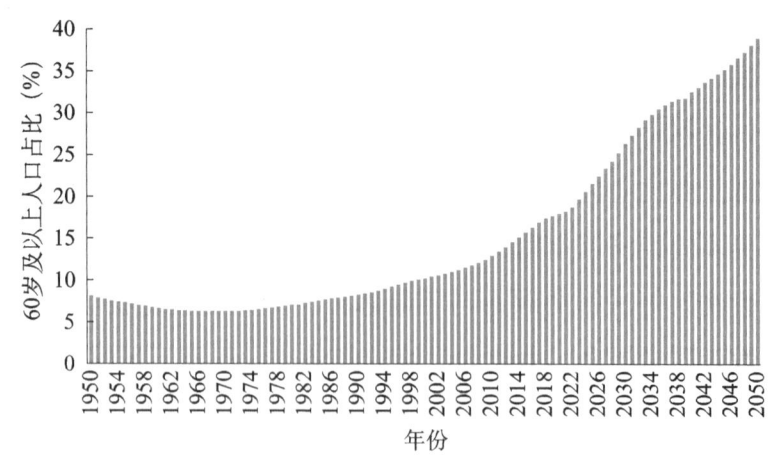

图 3-7　1950—2050 年中国 60 岁及以上人口占比

资料来源：《世界人口展望 2022》中方案预测。

另一方面，新时代的老年人口也表现出新的特征，低龄老年群体具有数量和素质方面的双重优势，为经济发展创造了新的动力。

首先，低龄老年人口规模大且比重高。第七次全国人口普查数据显示，2020年我国60岁及以上老年人口2.64亿人，占总人口的18.7%。虽然整体老龄化水平较高，但在庞大的老年人口内部，60～69岁的低龄老年人口占老年人总数的56.7%。随着人口素质的提升，超过一半的低龄老年群体具备足够的资历与能力继续参与劳动，成为劳动力供给的潜在来源。

其次，老年人健康质量明显提升。根据世界卫生组织数据，2019年中国人口60岁时平均预期寿命为21.06年，健康预期寿命为15.92年，表示在当前的健康水平下，老年人达到60岁后尚能存活21.06年，更有近16年的时间处于健康状态。第七次全国人口普查数据显示，2020年，60岁及以上老年人口中健康和基本健康的老年人占老年人总数的87%，且这一比重在60～69岁低龄老年人口中超过90%。老年人健康状况发展良好，健康老年人成为绝对主体，良好的健康水平与延长的预期寿命尤其给低龄老年人的继续劳动提供了合理性。

最后，老年人教育状况显著改善。全国人口普查数据显示，2020年我国人口文盲率仅为2.7%，比2010年下降1.4

个百分点，人口平均受教育年限由2010年的9.08年提高至9.91年，人口整体受教育状况的改善也辐射到老年人群体。50岁及以上人口中，拥有大学（专科及以上）、高中、初中、小学文化程度（以上均包括在校、毕业和肄业）的人口占比分别为7%、13%、39%、41%，在低龄老年人和准低龄老年人群体中，两成人口拥有较高的学历水平，有助于继续参与劳动。

在新时代实施积极应对人口老龄化战略，将积极老龄观、健康老龄化等理念应用于经济社会发展过程，规模庞大且综合素质较高的低龄老年人群体将创造新的长寿红利，对于经济高质量发展具有重要作用。

规模巨大的低龄老年人口可以作为新的劳动力供给源泉，一定程度上缓解未来劳动年龄人口缩减带来的忧虑。基于自身素质条件，相对于青壮年人口，老年人在从事体力劳动方面不具备比较优势，其在长期工作中积累的知识经验成为更宝贵的财富。因此老年人从事咨询、指导等相关劳动，使得脑力劳动群体相对增加，有利于促进人力资本的积累与劳动生产率的提高，更有助于促进技术密集型产业的发展壮大。除了老年人群体自身的努力外，由于老龄化使劳动人口的抚养负担加重，在我国养老责任主要落实于家庭的现实情况下，经济负担的加重促使年轻人离开收入水平较低的第一产业，投入到第二、三产业寻求工作机会，由此为第二、三产业提供更多的劳动力，从而对产业结构的优化升级产生积极影响。

长寿时代老年人形成独特的市场需求，带动银发经济发展。首先，随着收入水平的提高与消费能力的增强，老年人的需求足以催生出一个大规模的市场。比如，规模庞大的老年人群体对养老行业具有刚需，这种刚需在如今供应不足的现实下具有巨大的增长潜力，银发经济作为发展空间广阔的蓝海市场，能够成为经济增长的驱动力。其次，随着消费观念的改变，老年人的消费需求向多元化与高级化发展。一方面，随着见识的增长与信息的不断涌入，老年人消费需求的兴趣点不断扩充，不仅局限于简单日用品，还同时注重向文化性、娱乐性消费转变。另一方面，生活水平的提升使老年人逐渐从生存型消费转向享受型、发展型消费，不再等到不得不买时才购置商品，购买商品不再一味崇尚节俭，而更关注质量与使用体验，智能辅助型老年用品、精美时髦的装饰品、养生的保健品等越来越多地走进老年人的消费领域。对品质的要求与品类的需求促进老年新兴产业的快速发展，打造新的经济增长点；同时推动行业改善升级，规范市场秩序，提升市场品质。

三、老年人口影子红利辅助经济发展

老年人口除了继续参与劳动创造长寿红利外，还能创造影子红利，即老年人在家庭中为处于劳动年龄的子女提供隔代照料、家务料理等代际劳务支持，从而使年轻人（特别是年轻女性）从家庭劳动中解放出来，有充沛的时间与精力留在职场，维持较高的劳动参与率，进而间接对经济增长作出贡献。有观点认为，具有能力条件的老年人继续参加劳动的比重不会太高，也没有必要要求相当比重的老年人返回劳动市场，退出劳动市场的老年人通过在家庭中的劳动，解放精力更充沛、学习能力更强的年轻劳动力，也是对经济增长的一种贡献。

党的二十大报告明确指出，未来要推进"优化人口发展战略，建立生育支持政策体系，降低生育、养育、教育成本"①。在传统的家庭分工体系下，大多数女性对子女的养育承担重要责任，因此大批处于劳动年龄的女性被束缚于家庭照料劳动中，难以充分创造个人和社会价值。老年人参与并分担家务劳动，辅之以配套政策的支持，有利于将年轻劳动力从家庭领域解放出来，尤其是年轻女性劳动力，提高其劳动参与率。

更多女性劳动力有机会进入劳动市场，可以为经济发展创造新动力。首先，最直观的影响便是能够提高劳动力供给，增加人力资源，缓解因人口负增长与老龄化导致的劳动力减

---

① 习近平.高举中国特色社会主义伟大旗帜 为全面建设社会主义现代化国家而团结奋斗：在中国共产党第二十次全国代表大会上的报告［N］.人民日报，2022-10-26（1）.

少问题。其次，女性劳动力更多地参与市场与男性劳动群体形成竞争与合作，有助于规范劳动市场秩序，打破性别刻板印象，促使广大劳动群体不断发展自身，增强竞争力。再次，正所谓"男女搭配，干活不累"，女性区别于男性的特质使其可以在工作过程中与男性优势互补，共同提高劳动效率与发展质量。

女性人力资源能够灵活地适应经济结构的发展，助力产业结构的更新升级。即使在改革开放之初，在经济结构以农业、重工业和劳动密集型的轻工业为主的时代，对普通、廉价劳动力，尤其是体力资源的需求较大，彼时女性尚能不辞辛苦，与男性共同参与体力劳动，随着产业结构的发展，女性不断提升的人口素质更契合了新发展阶段对脑力劳动的需要，使其可以稳定高效地提供健康人力资本与教育人力资本，从而促进技术密集型产业的发展。此外，女性独特的性别优势使其能促进相关产业的发展，更好地满足市场需要，比如女性群体温柔细致的性格特质使其能良好地嵌入照护行业。老龄化的不断深化催生出庞大的老年人照护需求，女性成为老年人照护行业的重要人力资源。女性群体的广泛参与有助于促进养老照护行业的发展完善，促进经济增长，提高老龄化社会的居民幸福感。

当年轻子女投入生产劳动时，素质日益提高的老年人群体在提供隔代照料时也为未来人力资源的积累作出贡献。素质的提高使老年人更重视对孙辈的素质培育，以更健康科学的养育方式、更大程度的教育投资增强后代的综合素质，为未来发展储备下高质量的人力资源，再以间接的方式促进未来经济红利的生成。

因此，长寿时代的红利不仅体现在老年人自身创造的经济价值，还驱动了肩负赡养责任的劳动年龄人口的劳动积极性与生产性，并且通过提供代际支持为年轻劳动力投入市场创造条件，拓宽当前与未来劳动力蓄水池，老年人口通过直接或间接作用促进经济增长。

第三节 人口素质：从"人口大国"走向"人才强国"

一、我国的人才战略逐渐从重视数量转向重视质量

改革开放以来，人才战略一直是国家发展的重点。1978年12月，党的十一届三中全会之后，中央确立了"尊重知识、尊重人才"的政策，调动了知识分子的积极性，为人才发展做出准备。2000年，中央经济工作会议首次提出："要

制定和实施人才战略"①。2001年,《中华人民共和国国民经济和社会发展第十个五年计划纲要》发布,提出"实施人才战略,壮大人才队伍",首次将人才战略确立为国家战略②。2002年,党的十六大报告进一步提出"尊重劳动、尊重知识、尊重人才、尊重创造"方针,拓展了人才工作的内涵③。同年,中共中央、国务院制定下发《2002—2005年全国人才队伍建设规划纲要》,首次提出实施"人才强国"战略④。2006年,《中华人民共和国国民经济和社会发展第十一个五年规划纲要》指出,要牢固树立科学人才观,促进人口大国向人力资本强国转变⑤。2007年,人才强国战略作为发展中国特色社会主义的三大基本战略之一,写进了《中国共产党章程》和党的十七大报告。

中国特色社会主义进入新时代后,人才战略依旧是重要的发展战略。2012年党的十八大提出:"加快确立人才优先

---

① 中共中央文献研究室.十五大以来重要文献选编:中[M].北京:人民出版社,2001:1473.
② 全国人民代表大会常务委员会办公厅.中华人民共和国第九届全国人民代表大会第四次会议文件汇编[M].北京:人民出版社,2001:64.
③ 江泽民.全面建设小康社会,开创中国特色社会主义事业新局面:在中国共产党第十六次全国代表大会上的报告[N].人民日报,2002-11-18(1).
④ 中共中央办公厅、国务院办公厅关于印发《2002—2005年全国人才队伍建设规划纲要》的通知[EB/OL].[2023-05-20].www.moe.gov.cn/jyb_xxgk/gk_gbgg/moe_0/moe_8/moe_26/tnull_404.html.
⑤ 中华人民共和国国民经济和社会发展第十一个五年规划纲要[M].北京:人民出版社,2006:55.

发展战略布局，造就规模宏大、素质优良的人才队伍，推动我国由人才大国迈向人才强国。"①2016年，《中华人民共和国国民经济和社会发展第十三个五年规划纲要》明确提出实施人才优先发展战略，把人才作为支撑发展的第一资源，加快推进人才发展体制和政策创新，构建有国际竞争力的人才制度优势，提高人才质量，优化人才结构，加快建设人才强国②。2017年党的十九大提出："要坚持党管人才原则，聚天下英才而用之，加快建设人才强国。"③2022年党的二十大提出："教育、科技、人才是全面建设社会主义现代化国家的基础性、战略性支撑。必须坚持科技是第一生产力、人才是第一资源、创新是第一动力，深入实施科教兴国战略、人才强国战略、创新驱动发展战略，开辟发展新领域新赛道，不断塑造发展新动能新优势。"④

"提高人口素质"早在计划生育实行初期就成为一个响亮的口号，成为我国长期以来的人口发展目标。人口规模和结构通过数量层面的优势促进经济增长，强调规模效应与劳动

---

① 胡锦涛.坚定不移沿着中国特色社会主义道路前进 为全面建成小康社会而奋斗：在中国共产党第十八次全国代表大会上的报告［N］.人民日报，2012-11-18（1）.
② 中华人民共和国国民经济和社会发展第十三个五年规划纲要［M］.北京：人民出版社，2016：22.
③ 习近平.决胜全面建成小康社会 夺取新时代中国特色社会主义伟大胜利：在中国共产党第十九次全国代表大会上的报告［N］.人民日报，2017-10-28（1）.
④ 习近平.高举中国特色社会主义伟大旗帜 为全面建设社会主义现代化国家而团结奋斗：在中国共产党第二十次全国代表大会上的报告［N］.人民日报，2022-10-26（1）.

力的配置问题；人口素质则从人口质量层面提高发展水平，关注人口内在能力，促进经济深化发展。人口数量减少的负增长时代对提高人口素质提出了更为迫切的要求，新的环境下，实现从人口大国向人才强国的转变，收获新型人口红利势在必行。

二、新时代中国人口素质获得全面提升

人口素质是指人口群体在生产和发展过程中表现出来的认识世界和改造世界的综合性的素质和能力。对于人口素质概念的细化分解主要包括二要素说和三要素说。二要素说认为人口素质包括身体素质和科学文化素质。三要素说在二要素说的基础上，增加了思想道德素质。其中，人口的身体素质是指一个人口群体的体力大小、体质强弱、发育是否健全、智力是否完好、耐力的持久状况、动作的敏捷程度等，它直接反映出一个人口群体的身体健康状况，是人口素质的基础部分。人口的科学文化素质是指一个人口群体的文化知识、科学技术水平、生产经验和劳动技能等，它直接反映出一个人口群体的整体受教育程度，是人口素质的核心部分。经过多年发展，中国人口身体素质和科学文化素质取得了重要提升。

在身体素质方面。首先，人口平均预期寿命稳步提升。图3-8展示了中国人口平均预期寿命变化情况，预期寿命从经济发展初期的30多岁一路增长，1974年超过60岁，1995年超过70岁，2020年增长至77.93岁，《"健康中国2030"规划纲要》中2030年达到79.0岁预期寿命的目标有望提前实现。其次，人口死亡率大幅下降。总人口死亡率在新中国成立早期迅速下降，1965年之后低于10‰，21世纪后因老龄化的发展死亡率小幅上升，但总体上稳定在较低范围。此外，我国婴儿死亡率大幅下降，从1969年的80‰以上，一路下降，2020年降至5.5‰（见图3-9）。国家卫生健康委提出，我国母婴安全保障能力显著提升，婴儿死亡率远低于中高收入国家平均水平，

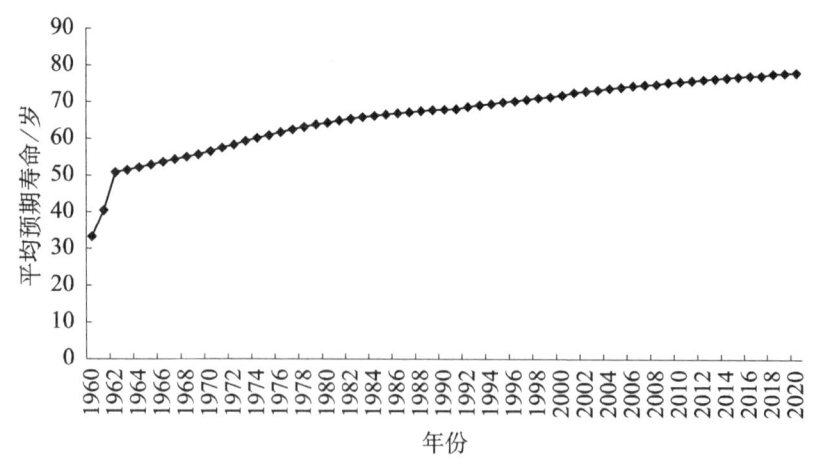

图3-8 1960—2020年中国人口平均预期寿命

资料来源：世界银行数据库。

妇幼健康核心指标进一步向好[①]。

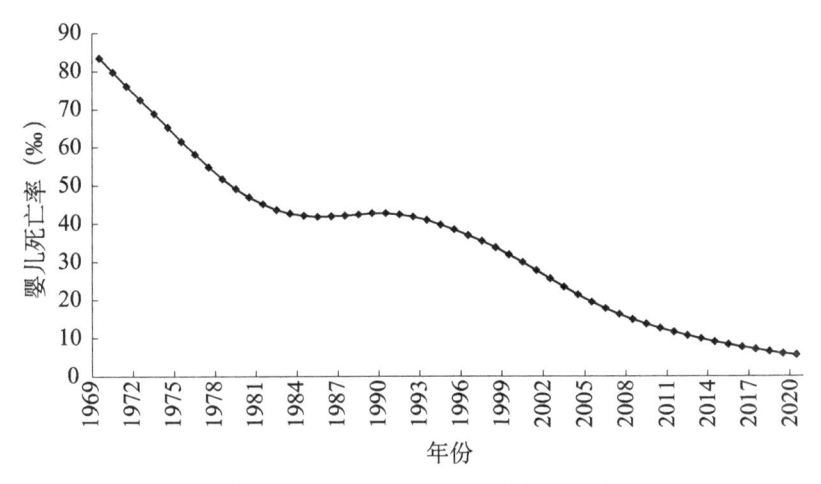

图 3-9 1969—2020 年我国婴儿死亡率

资料来源：世界银行数据库。

在科学文化素质方面，我国人口受教育程度不断提高，科技创新水平不断增强。首先，我国人口识字率显著提升（见表 3-2），从 1982 年的 65.51% 增至 2020 年的 97.15%，教育普及工作取得重大成果。其次，高等教育发展成果良好。1949 年，我国每十万人口高等学校平均在校生数仅为 25 人，1999 年高校扩招后，该指标呈现出指数型增长的趋势，2021 年达到 3 301 人的高峰，高等学校在校人数增加，人力资本不断积累（见图 3-10）。最后，我国人口创新能力大幅提高。进入 21 世纪后，专利申请数呈井喷式增长，

---

① 李纯.国家卫健委：这十年是我国卫生健康事业进步最大的十年［EB/OL］.（2022-09-08）［2023-03-04］.http://guoqing.china.com.cn/2022-09/08/content_78410288.htm.

2021 年增至 524 万项（见图 3-11）；同时每百万人中 R&D 研究人员①数在波动中稳定上升，2020 年达到 1 585 人（见图 3-12）。

表3-2　中国人口识字率变化

	1982 年	1990 年	2000 年	2010 年	2020 年
识字率（%）	65.51	77.79	90.92	95.12	97.15

资料来源：世界银行数据库。

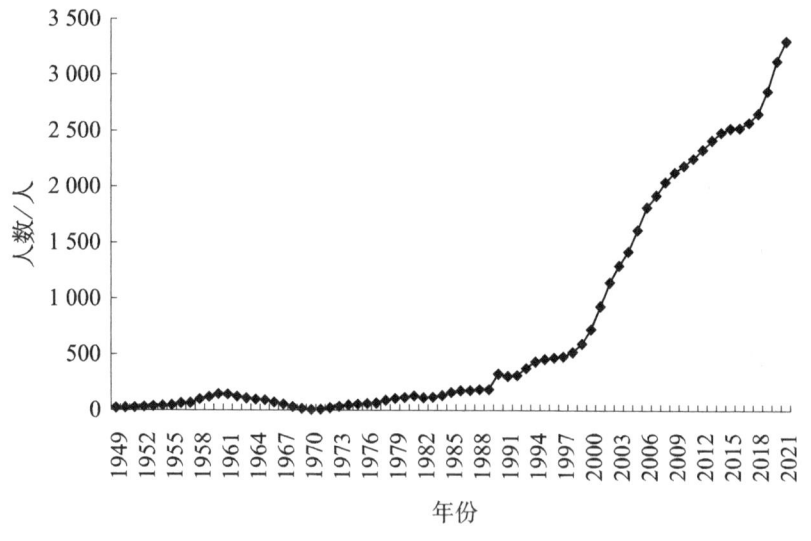

图 3-10　1949—2021 年每十万人口高等学校平均在校生数
资料来源：世界银行数据库。

---

① R&D 研究人员是指参与新知识、新产品、新流程、新方法或新系统的概念成形或创造，以及相关项目管理的专业人员，包括参与 R&D 的博士研究生。

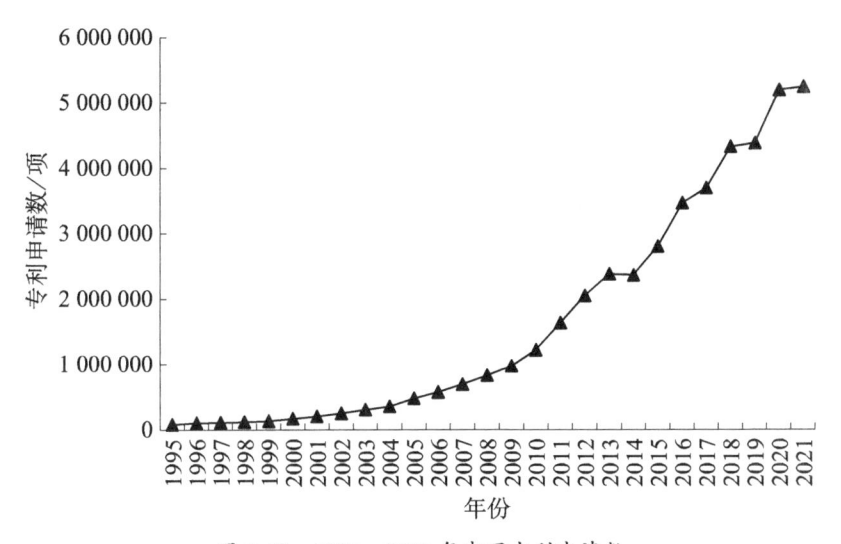

图 3-11　1995—2021 年我国专利申请数

资料来源：国家统计局。

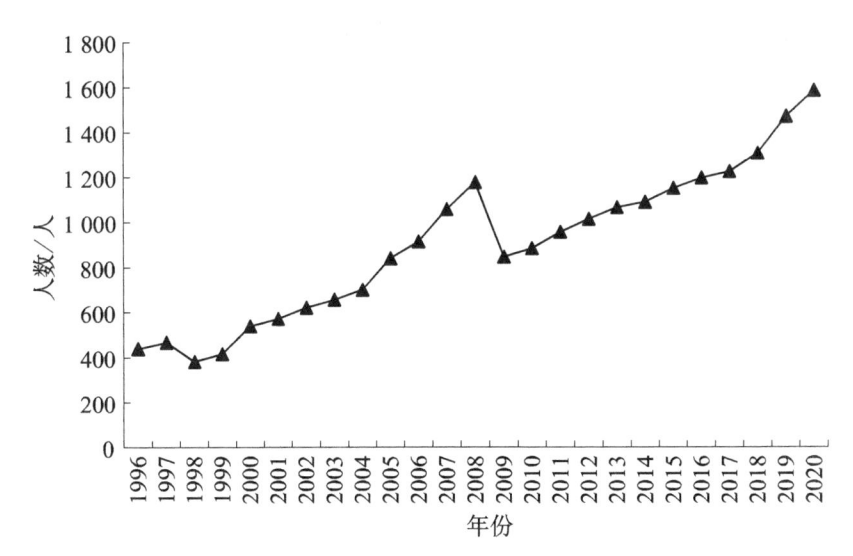

图 3-12　1996—2020 年每百万人中 R&D 研究人员数

资料来源：世界银行数据库。

在当前时代，健康水平的提升保证了人口参与劳动的稳定性，教育普及提高了人口总体的素质，高校学生人数的增加扩充了高素质人才储备池，让更多人才参与创新研究，使技术创新不断取得成果。第二次人口机会窗口已经开启，质量型人口红利具有良好的收获机会。

三、中国人口素质提升创造了质量型人口红利

当前，我国经济已由高速增长阶段转向高质量发展阶段，我国已经开启全面建设社会主义现代化国家新征程。全面提升人口素质，既是人口发展规律使然，也是经济发展阶段变化的必然要求。人口素质改善能够收获经济增长的质量型人口红利。一方面，健康水平改善所带来的经济增长效应被称为健康资本型人口红利；另一方面，人口教育质量提升引致的经济增长效应被称为教育资本型人口红利。学界将健康和教育层面开启的人口机会窗口合称为第二次人口机会窗口，将其间收获的经济增长效应称为质量型人口红利。人口素质提升创造的质量型人口红利主要体现在以下几个方面：

1.人口总体身体素质的提升有利于扩大劳动力供给，产生规模效应

新中国成立之初，健康状况不良导致人口死亡率居高，

妇女、老人相对于青壮年男性更处于弱势。在平均预期寿命 35 岁的情况下，能正常参与生产建设的劳动力占总人口的比重不高，相当比重的劳动年龄人口因疾病或者身体虚弱不能投入经济生产活动，或者劳动生产率极低，在国家百废待兴之际，大量人力资源被浪费。时至今日，全人群的健康状况得到极大改善，不仅劳动年龄人口，也不仅男性能精力充沛地进行生产劳动，妇幼保健水平的提高及孕产妇死亡率的下降使女性能够更安全地完成生育过程，也能更迅速地恢复体质，因此大量健康妇女拥有更多的劳动时间与精力投入市场活动。老年人健康水平的提升也有助于释放低龄老年劳动力资源。我国最早有关退休年龄的规定是 1951 年的《劳动保险条例》，规定男工人和男职员 60 岁，女工人和女职员满 50 岁，辅以相应工龄年限即可退职养老；井下、高低温和有毒有害工作，男性 55 岁、女性 45 岁就可以退职养老。之后，相关劳动法规不断更新，但依然以男性 60 周岁、女干部 55 周岁、女工人 50 周岁作为基础退休年龄。以上退休年龄节点基于新中国成立之初人口健康素质低下的现实制定，在健康状况改善后，这一退休年龄标准相对较低，束缚了低龄老年劳动力资源。应通过渐进式延迟法定退休年龄，使低龄老年人得以有保障地参与劳动，从而使得劳动力规模再次扩大。

2. 科学文化素质的提高有利于促进技术进步，提高劳动生产率，推动经济结构优化

科学技术是第一生产力，而科学技术的发展则有赖于具备较高科学文化素质的人口在劳动中开展正式或非正式的研发创新活动。一方面，部分高素质人才组成科学研究团队，进行强专业性的研发活动，实现产品创新。对研发人员的科技创新成果进行推广应用，可以提高相关行业整体劳动生产率。另一方面，大部分具备较高科学文化素质的劳动者在劳动过程中自主总结规律，探索出适合自身的劳动方式，进行程序创新，提高劳动效率，或者高素质劳动者对新技术有较强的理解能力，能够更迅速、更自如地熟练掌握现代化技术与设备，使个人具有更大的劳动优势。劳动生产中高素质人口越多，具有高劳动生产率的劳动者就越多，行业整体生产率就越高。并且，当高素质劳动者聚集时，彼此交流沟通，就会产生知识外溢效应，有助于行业生产率的进一步提升。

技术进步对经济发展的积极作用在行业和个人层面体现为劳动生产率的提高，在更宏观的层面上则体现为对经济结构优化的支持。历史表明，技术进步对经济结构的发展具有重大影响，几次工业革命的发生均伴随着技术进步。18世纪第一次工业革命以蒸汽机的发明为主要标志，从此蒸汽机和煤炭成为生产主要动力源，机器代替手工工具，工场手工业向机器大工业过渡，新的制造业部门相应出现，产业结构发生根本性变化。19世纪第二次工业革命以电力的使用以及内燃机的出现为标志，电气化时代成功催生出各种电力产业的兴起，产业结构升级换代。不断提高的人口素质与智力资源促成了技术革新与上述产业的升级。步入新发展时代，国家重点支持的高新技术领域如电子信息、生物与新医药、航空航天、新材料、高技术服务业、新能源及节能、资源与环境、先进制造与自动化领域的蓬勃发展依然得益于高素质人才的科技创新活动。如今，人口素质的提高给行业发展提供了高效的生产技术与设备，保证了我国对前沿技术知识的跟进与转化运用、对更新领域的不断探索，从而促进新技术和新产品的研发，开辟出具有无限潜力的高新技术产业。技术的不断创新进步推动知识密集型与技术密集型行业的发展，加快现代产业体系的建设，也推动经济结构的不断优化与革新。此外，高素质人口流动到全国各区域、各行业，有效满足对劳动力的需求，有助于产业结构的优化调整和区域协调发展，从而收获资源合理配置带来的人口红利。比如，在我国区域协调发展战略中，要实现积极推进西部大开发，振兴东北地区等老工业基地，促进中部地区崛起，鼓励东部地区率先发展，支持革命老区、民族地区和边疆地区发展等战略，都需要各区域拥有足够数量且高质量的劳动力。各地区通过人才引进政策吸引高素质人才以满足经济发展需求，助力当地经济发展。

3. 人口素质的提高能促进人力资本不断积累

一方面，具备较高文化素养的人往往比较认同科学文化知识的重要性，并且能收获高文化素质带来的个人经济效益，因此具有继续提升综合素质的动力，倾向于不断进行自我发展。比如，学历较高、知识丰富的人通过学习了解营养学相关知识，践行健康生活，提高健康素质，再通过不断的学习提高文化知识，就能深化当下的人力资本。另一方面，"望子成龙、望女成凤"是中国父母的传统心理，父母对子女往往有较高的期待，高素质人群有充分的动力和能力培养子女，提高子女的综合素质，为未来储备优质劳动力资源。

4. 人口素质的提高能促进消费结构调整

随着人口素质的提高，伴随收入水平的上升，人们的消费观念发生转变。高素质人口出于继续发展的需要对发展资料的需求增加，经济条件的改善使其同时倾向享受型消费，这些消费需求的发展变化为商品生产提供指引与动力，有助于推动第三产业的发展，进而实现产业优化。

5. 人口素质的提高有利于经济的可持续发展

首先，人口科学文化素质的提升推动技术创新，实现对资源的合理利用。许多重要产业的生产发展需要投入大量的不可再生资源，市民日常的生活消费也会消耗大量不可再生资源。科学技术的发展有助于在开源与节流两头缓解资源耗费问题。一方面可以优化生产技艺，降低单位产品对资源及能源的消耗，提高对不可再生资源的回收率，从而实现资源与能源利用率的提高，进而让有限的自然资源创造出更多的社会财富以推动经济的持续增长；另一方面可以支持对资源进行广泛探索，寻找自然资源中新的来源，扩充储备量，或者开发替代资源，以及尝试资源的人工合成。其次，思想道德素质的提升是实现资源合理利用的内在力量。思想道德修养在受教育过程中内化于心，理应与科学文化素质共同提升。具备较高道德素质的人更容易对自然产生感恩、敬畏之心，关注资源有限性，在日常生产中驱动自身节约资源、保护环境。

中国式现代化是人与自然和谐共生的现代化，人口素质的提高有利于实现对自然资源的合理利用，建设新型能源体系，提升国家战略物资储备保障能力；有助于推进"五位一体"总体布局，贯彻"创新、协调、绿色、开放、共享"的新发展理念；有助于我们坚持可持续发展，坚持节约优先、保护优先、自然恢复为主的方针，推动经济高质量发展。

| 第四章 |

人口规模巨大的五大结构性风险挑战

党的二十大报告重点提出要建设中国式现代化,而中国式现代化的首要特征就是人口规模巨大的现代化,这既是对我国特殊国情的客观精准判断,又是对我国在现代化进程中所面临的风险挑战的科学预判。现代化终归是人的现代化,对于以中国共产党领导的中国式现代化而言更意味着"以人民为中心"的现代化。相对已有实现现代化国家千万级别、最多几亿人口的经验,我国要实现十亿量级的人口规模的现代化,是伟大的,也是艰难的。这就需要坚持以人民为中心,坚持新发展理念,坚持问题导向,积极做好应对。

在社会主义初级阶段的生产力背景下,巨大的人口规模背后是客观而持续的多维结构性差异。这意味着每一个子群体也是规模巨大的,例如规模巨大的高龄人口、规模巨大的少数民族人口、规模巨大的农村人口、规模巨大的流动人口、规模巨大的单身人口等。巨大的人口规模凸显了这些特殊子群体对于实现现代化的挑战以及这些群体在现代化进程中的特殊现代化需求,这极大地增加了现代化过程的协调难度和政策制定的挑战性。中国式现代化的突出人口特征是存在多维结构性差异,如民族人口差异、代际人口差异、城乡人口差异、户籍流动人口差异、性别差异等,这些群体间差异性的影响将在超大人口规模下被严重放大。因此,必须充分预料到人口规模巨大的现代化过程中人口形势的复杂性、严峻性和史无前例性,及其带来的巨大挑战。要充分认识、尊重和预判人口规模巨大的不同人口子群体在现代化过程中的发展差异、需求差异,提前作好形势预判并预留政策干预空间,克服可能产生的现代化进程不充分、不协调的问题,稳步实现全体人民的协调共享的现代化。人口是慢变量,且难以通过政策手段迅速调整,因此要充分认识和尊重我国特殊人口国情及其发展规律,提前布局,精准应对,为全面建设社会主义现代化国家、全面推进中华民族伟大复兴提供坚实保障。

第一节 中国式现代化将在重度老龄化社会实现

中国式现代化新征程中最突出的两大人口特征分别是人口老龄化和人口负增长。中国的人口转变开始时间晚于西方发达国家,但转变速度较快,人口生育率和人口死亡率在过去几十年中经历了巨大的变化,完成了从高出生率、高死亡率向低出生率、低死亡率的历史性转变。这是在人口规模巨大这一基本国情下完成的,是人口规模巨大的、快速的、被压缩的人口转变。但是,被压缩的人口转变也使得人口年龄结构迅速老化,老年人口规模持续扩大。

一、老龄化程度不断深化,老年人口规模巨大

中国是目前世界上老年人口规模最大的国家,人口老龄化持续发展,即将一步步进入中度老龄化社会、重度老龄化社会。按照国际通行标准,60岁及以上老年人口占总人口的

10%，或65岁及以上老年人口占总人口的7%，即意味着这个国家或地区处于老龄化社会。当60岁及以上老年人口占总人口的20%～30%，或65岁及以上老年人口占总人口的14%～20%时，说明该国家或地区进入中度老龄化社会。而当60岁及以上老年人口占总人口比重超过30%，或65岁及以上老年人口占总人口比重超过20%时，则称这个国家或地区进入重度老龄化社会。

1999年我国65岁及以上老年人口占总人口比重达7%，已经步入老龄化社会。此后20多年来，我国人口老龄化程度持续加深，老年人口规模高速增长。第六次全国人口普查数据显示，2010年65岁及以上老年人口超1亿人，占比8.87%，与10年前相比上升1.91个百分点。

根据第七次全国人口普查数据，我国2020年60岁及以上老年人有2.64亿人，占总人口的18.70%。其中，65岁及以上老年人口规模达到1.9亿人，占比13.50%。这是我国老年人口比重首次超过少儿人口比重，倒金字塔形的人口年龄结构已经形成。这表明我国人口老龄化程度进一步深化，社会养老压力加重。中国人口老龄化的速度相当快，2021年底，我国65岁及以上老年人口比重达到了14%。相比起西方发达国家用了几十年甚至上百年，我国65岁及以上老年人口比重从7%上升至14%只用了21年（2000—2021年）。加之我国在经济尚未发达、社会保障尚未完善的时候提前完成人口转型，应对人口老龄化的压力相当大。在未来一段时间，随着新中国成立后的第二次和第三次生育高峰出生的人口逐渐进入老年期，我国还将迎来老年人口强劲增长高峰，人口老龄化程度还将进一步加深。

根据联合国《世界人口展望2022》中方案预测数据，到2035年，60岁及以上老年人增长至4.24亿人，占总人口比重30.31%，我国进入重度老龄化社会。我国学者也预计到2035年左右，我国60岁及以上老年人口比重将超过30%，65岁及以上老年人口比重将超过20%。《世界人口展望2022》中方案预测数据还显示，到2050年，我国60岁及以上老年人将增长至5.09亿人，占总人口比重38.81%，不到3个人当中就有1个是老年人。我国学界的预测结果与之大体一致。

人口老龄化进程与中国式现代化过程在关键时间节点上如影随形。2035年中国将基本实现社会主义现代化，2050将全面建成社会主义现代化强国，实现第二个百年奋斗目标。这充分说明，中国式现代化将在重度老龄化社会的情形下实现，社会和文明的进步要充分考虑和保障2050年规模5亿多人、占比超1/3的老年人的特殊现代化需求。届时，人口和社会的结构与现在相比将经历极为剧烈的变化，经济社会发展的动力机制也将发生重大改变，大规模老年人口的养老问题成为无法回避的焦点问题。与此同时，由于人口规模巨大，重点老龄人群的规模也相当惊人。首先就是高龄老年人、失能老年人的规模增加；其次，严峻的人口老龄化形势还伴随着复杂的家庭结构和功能变迁。随着家庭规模小型化、家庭结构简单化、居住模式离散化、成员关系松散化等趋势日益明显，空巢老人、独居老人的规模也日益扩大。这些高风险老年人群对养老产业的需求更加旺盛，让中国养老资源的供需失衡更为凸显，成为我国人口与家庭发展亟待破解的新难题。中国式现代化不仅要满足年轻人的现代化需求，也要关照规模巨大的老年人特别是高龄老年人、失能半失能老年人的特殊现代化需求，尤其是慢病长寿时代的长期照护和精神需求，避免老年数字鸿沟和现代化"隔离"。

二、深刻认识人口老龄化，挑战与机遇并存

人口老龄化是社会发展的重要趋势，构成了中国式现代化建设的底色之一，是进入新时代人口发展面临的重要风险和挑战。《国家积极应对人口老龄化中长期规划》指出："人口老龄化对经济运行全领域、社会建设各环节、社会文化多方面乃至国家综合实力和国际竞争力，都具有深远影响，挑战与机遇并存。"[①] 人口老龄化是中国人口年龄结构的新常态，

---

① 中共中央 国务院印发《国家积极应对人口老龄化中长期规划》[EB/OL].（2019-11-21）[2023-05-10]. https://www.gov.cn/zhengce/2019-11/21/content_5454347.htm.

此后还将长期伴随中国式现代化进程。因此，深刻认识人口老龄化，积极应对人口老龄化所带来的各种人口挑战，准确把握人口老龄化的人口机会，充分发挥老年人在经济社会建设中的积极作用，对于推进民族复兴大业、成功实现现代化强国建设都有着重大的理论与实践意义。

党的二十大报告强调实施积极应对人口老龄化国家战略，对客观把握人口老龄化状况、有效应对人口老龄化问题提出了更高的要求。客观而言，人口老龄化给中国式现代化建设带来了众多风险挑战。

首先，从社会的角度看，人口老龄化带来的是社会养老负担加大。一方面是规模巨大的老年人口对于养老金以及其他社会保障的迫切需求；另一方面是随着患病率较高的老年人口增加，基本医疗保险的支出也将增加。此外，在人口老龄化的过程中，空巢老人、高龄老年人、失能老年人等群体也在增加。特别是在人口规模巨大的强大乘数效应下，每一个特殊的子群体在乘以14亿这一人口基数后都将变得规模巨大，解决这些规模巨大的、特殊的老年人群体的护理和照料需求等使得人口老龄化问题更加复杂。很多学者还从劳动力供给短缺、储蓄率下降、科技创新能力下降等角度出发认为人口老龄化制约着中国经济未来的增长。有学者从索洛增长理论入手，通过构造实证模型证明人口老龄化确实降低了储蓄率。

其次，从人口红利的理论出发，人口老龄化速度的加快造成劳动年龄人口的年龄结构迅速老化，乃至劳动力供给总量减少，人口红利期缩短，并波及劳动生产率，甚至是储蓄、投资、消费等多个经济环节，对经济增长带来负面影响。20世纪90年代前期，随着少儿人口比重的下降，而老年人口比重尚未上升到高水平，我国开始进入人口机会窗口期，为经济发展奠定了有力的人口基础。随着人口老龄化程度深化，我国劳动年龄人口的中位年龄不断提高，总抚养比也不断上升，人口红利不可持续。因此，加快经济发展方式转变，着重提高人口素质，把我国的人口红利转化为更为持久的人口质量红利迫在眉睫。

尽管挑战严峻，人口老龄化也存在许多人口机会。首先，人口老龄化可能壮大银发经济，催发新的经济增长点。由于社会整体年龄结构的转变，市场中对老年消费品、医疗服务、养老保险等的需求相应扩大，进而有利于推动消费结构和产业结构变迁，带动经济增长。有学者提出通过安排养老保障制度和劳动力市场制度，可以创造新的储蓄源泉以及扩大劳动力资本存量。其次，人口老龄化可能倒逼企业寻求资本和技术创新，从而有利于提高劳动生产率，助推产业结构转型升级。再次，随着经济社会的发展，未来我国老年人的教育水平将不断提高，经济条件也相应改善，规模巨大的老年人力资源亦有利于社会发展。

此外，与主要发达国家对比，我国的老龄化进程不仅具有发展速度快、绝对规模巨大等特点，还呈现出明显的城乡和省际差异。分城乡看，长期以来，我国农村的人口老龄化程度高于城市，老龄化"城乡倒置"显著。根据人口转变的规律，经济较为发达的城市人口老龄化程度应该领先于农村。但自20世纪80年代放松人口迁移流动管制后，大量年轻的流动人口由农村流入城市，使得城市的劳动年龄人口比例上升，农村的老年人口比例也相应提高，由此造成人口老龄化程度农村高于城市的"倒置"现象。分省份看，规模巨大的流动人口改变了我国人口老龄化的省际格局，人口净流入省份的人口老龄化程度低于人口净流出省份。例如经济发达的广东省，大规模年轻流动人口的涌入缓解了人口老龄化，使其人口老龄化程度稳定低于全国平均水平。人口老龄化的区域不均衡性对积极应对人口老龄化提出了更高的要求。

三、积极应对人口老龄化，推进中国式现代化

党的十八大以来，以习近平同志为核心的党中央高度重视人口老龄化形势，对老龄事业作出了科学完整的战略部署，开创了新时代积极应对人口老龄化的中国道路。习近平总书记多次对积极应对人口老龄化提出要求，作出了一系列

重要指示批示。党的十八大报告明确指出"积极应对人口老龄化"①，党的十九大报告进一步指出"积极应对人口老龄化，构建养老、孝老、敬老政策体系和社会环境，推进医养结合，加快老龄事业和产业发展"②。

近年来，贯彻习近平新时代中国特色社会主义思想，我国积极应对人口老龄化的顶层设计不断优化完善。《"十三五"国家老龄事业发展和养老体系建设规划》《"十三五"健康老龄化规划》《关于推进养老服务发展的意见》《关于深入推进医养结合发展的若干意见》《关于促进养老托育服务健康发展的意见》等一系列文件相继出台，推动我国积极应对人口老龄化事业取得重要进展。2019年，中共中央、国务院印发了《国家积极应对人口老龄化中长期规划》，该《规划》明确了积极应对人口老龄化的五大方面：一是夯实应对人口老龄化的社会财富储备，二是改善人口老龄化背景下的劳动力有效供给，三是打造高质量的为老服务和产品供给体系，四是强化应对人口老龄化的科技创新能力，五是构建养老、孝老、敬老的社会环境③。

2020年，党的十九届五中全会将"实施积极应对人口老

---

① 胡锦涛.坚定不移沿着中国特色社会主义道路前进 为全面建成小康社会而奋斗：在中国共产党第十八次全国代表大会上的报告[N].人民日报，2012-11-18（1）.
② 习近平.决胜全面建成小康社会 夺取新时代中国特色社会主义伟大胜利：在中国共产党第十九次全国代表大会上的报告[N].人民日报，2017-10-28（1）.
③ 中共中央 国务院印发《国家积极应对人口老龄化中长期规划》[EB/OL].（2019-11-21）[2023-05-10]. https://www.gov.cn/zhengce/2019-11/21/content_5454347.htm.

龄化"上升为国家战略①。这是适应新时代老龄问题的新使命，也是推进中国式现代化建设的必然要求。2021年，《中华人民共和国国民经济和社会发展第十四个五年规划和2035年远景目标纲要》正式将"实施积极应对人口老龄化国家战略"列入其中，明确提出"十四五"期间经济社会发展的重点任务是：制定人口长期发展战略，优化生育政策，以"一老一小"为重点完善人口服务体系，促进人口长期均衡发展②。

中国式现代化将在重度老龄化社会实现，实施积极应对人口老龄化国家战略在中国式现代化进程中具有重要地位。积极应对人口老龄化是一项庞大的系统工程，涉及方方面面，需要全社会、各地方、各单位的共同努力，久久为功。

第二节 中国式现代化需要在多元民族融合下实现

党的二十大报告提出以中国式现代化全面推进中华民族伟

---

① 中共中央党史和文献研究院.十九大以来重要文献选编：中[M].北京：中央文献出版社，2021：811.
② 中华人民共和国国民经济和社会发展第十四个五年规划和2035年远景目标纲要[M].北京：人民出版社，2021：137.

大复兴。中国是多民族聚居的国家，中华民族多元一体是我国的显著特征，56个民族都是中华民族伟大复兴这一历史进程的参与者和受益者。习近平总书记在2021年的中央民族工作会议上指出要"推动各民族共同走向社会主义现代化"[①]。我国未来实现的中华民族的现代化，需要充分考虑不同民族之间发展水平和民族文化的差异性，在现代化过程中不能一刀切，要协调好经济社会现代化和批判继承优秀民族传统文化的关系。习近平总书记曾多次强调，各民族要像石榴籽那样紧紧抱在一起。中华民族是多元一体的伟大民族，民族团结是我国各族人民的生命线，中华民族共同体意识是民族团结之本。

一、准确把握中国统一的多民族国家的基本人口国情

新中国成立以来，少数民族与汉族的人口民族构成一直保持相对稳定。汉族人口是中华民族人口的主要组成部分，占比始终在九成以上。但几十年来，少数民族人口年均增速快于汉族人口，中国的民族构成呈现出少数民族人口比重持续上升、汉族人口比重缓慢下降的总体趋势。

1953年第一次全国人口普查数据显示，中国少数民族人

[①] 习近平.习近平谈治国理政：第4卷[M].北京：外文出版社，2022：247.

口共 3 532 万人，占总人口的 6.1%。蒙古族、回族、藏族、维吾尔族、苗族、彝族、僮族、布依族、朝鲜族、满族均为人口在百万以上的少数民族。至 1964 年第二次全国人口普查时，少数民族人口规模为 4 002 万人，少数民族人口比重略有下降，为 5.8%。此后少数民族人口比重不断提升。1982 年第三次全国人口普查时少数民族人口为 6 730 万人，占总人口的 6.7%。同 1964 年第二次全国人口普查数据比较，人口超过百万的少数民族由 10 个增加为 15 个。8 年后的第四次全国人口普查数据显示，少数民族人口规模为 9 120 万人，人口占比为 8.0%。这一时期少数民族人口的增速快于汉族人口，汉族人口增加了 10 160 万人，增长 10.80%；少数民族人口增加了 2 390 万人，增长 35.51%。2000 年第五次全国人口普查时，少数民族人口为 10 643 万人，突破 1 亿人的人口规模，占总人口的 8.4%。同 1990 年相比，少数民族人口增加了 1 523 万人，增长 16.70%。2020 年第七次全国人口普查数据显示，全国人口中，汉族人口为 128 631 万人，占 91.1%；少数民族人口为 12 547 万人，占 8.9%。尽管少数民族人口比重较小，但在 14 亿这一量级上，中国少数民族人口同样是规模巨大的。与 2010 年第六次全国人口普查相比，汉族人口增长了 4.93%，而少数民族人口增长了 10.26%，后者增长速度更快。

中国式现代化是人口规模巨大的现代化，更是人口规模巨大的各民族的共同现代化。少数民族人口是中华民族人口不可分割的一部分，各民族人口发展都事关中华民族大家庭的永续发展。因此，必须将少数民族人口置于我国人口发展总体战略之内、融入到中国式现代化进程之中。

二、各民族共同走向现代化的发展历程

中国地域辽阔，民族众多，多民族交错杂居。不同民族、地区间有着复杂的人口结构与多样的风俗习惯。这些因素给各民族共同走向现代化的道路带来复杂性与特殊性，也使得中华民族文化内涵更加丰富。中国式现代化是和谐包容、各民族共同繁荣的现代化。中国共产党坚持各民族共同发展，大力发展民族文化，在推进各民族共同走向现代化进程中，取得了巨大成就。

从人口现代化的指标看，20世纪80年代以来，各民族人口再生产类型均在经历由传统阶段向现代阶段的转变；少数民族人口流动参与率略低于汉族人口，但同样日益活跃；各民族人口的受教育程度都在提升；各民族人口的城镇化水平也在不断提高。但是，也应注意到还有个别民族存在相对落后的情况，仍需要高度重视其发展。

从政治现代化的层面看，在中国共产党的领导下，我国实行民族区域自治制度，切实保障了少数民族人民的权益。1949年通过的《中国人民政治协商会议共同纲领》明确规定：

"各少数民族聚居的地区,应实行民族的区域自治,按照民族聚居的人口多少和区域大小,分别建立各种民族自治机关。"[①]民族区域自治制度是我国的基本政治制度之一,明确载入宪法。它将民族自治与区域自治有机结合起来,是建设中国特色社会主义政治的重要内容。多年来,党和国家始终坚持和完善民族区域自治制度,通过不断的制度创新有力提升了各地区政府治理能力。

从经济现代化的角度看,民族地区经济现代化建设成效显著。一直以来我国少数民族地区的经济发展基础相对薄弱,部分地区的少数民族还存在着相对传统甚至原始的生活方式和民族文化。新中国成立初期,消除各民族事实上的不平等是民族工作的重点任务。但改革开放以来,东部地区吸引了大量的投资,发展速度更快。民族地区与东部地区之间的发展差距日益扩大。民族地区的发展关乎民族团结与社会安定。进入21世纪,国务院成立了西部地区开发领导小组,深入实施西部大开发战略,不断促进少数民族和民族地区加快发展。中国特色社会主义进入新时代以来,以习近平新时代中国特色社会主义思想为指导,党和国家强化举措推进西部大开发形成新格局,推动西部地区高质量发展。如今民族地区经济社会发展取得重大历史性成就,少数民族民生状况显著改善,贫困人口已成功脱贫。但同时,民族地区发展不平衡不充分

---

① 中国人民政治协商会议共同纲领 [M].北京:人民出版社,1952:17.

问题依然突出，促进区域协调发展的道路仍旧艰巨。新时代党的民族工作的重要任务之一就是要推动各民族为全面建设社会主义现代化国家共同奋斗。

中国式现代化需要在多元民族融合下实现。在未来中国式现代化的进程中，经济社会的发展必然意味着脱离蒙昧、蛮荒，必然需要克服不平衡、不协调的矛盾。但与此同时，我们也要协调好经济社会现代化和批判继承优秀民族传统文化的关系，在维护民族团结的情况下分步骤分批次推进各民族共同现代化进程。

三、铸牢中华民族共同体意识，推动多元民族融合发展

党的十八大以来，以习近平同志为核心的党中央准确判断中国发展现状，提出"实现中华民族伟大复兴"。为了响应该目标，2014年第四次中央民族工作会议的主题为"凝聚民族大团结力量，为实现伟大中国梦而共同奋斗"。在第四次中央民族工作会议上，党中央原创性地提出了"中华民族共同体意识"的重大论述。此后，铸牢中华民族共同体意识被广泛提及。铸牢中华民族共同体意识是实现中华民族伟大复兴的必然要求，也是维护各民族根本利益的必然要求。只有铸

牢中华民族共同体意识，增进各民族对中华民族共同体的自觉认同，才能有效构建维护国家统一、民族团结、社会安定的思想长城。习近平总书记在2014年中央民族工作会议上指出："多民族是我国的一大特色，也是我国发展的一大有利因素。在我国5 000多年文明发展史上，曾经有许多民族登上过历史舞台。这些民族经过诞育、分化、交融，最终形成了今天的56个民族。各民族共同开发了祖国的锦绣河山、广袤疆域，共同创造了悠久的中国历史、灿烂的中华文化。秦汉雄风、盛唐气象、康乾盛世，是各民族共同铸就的辉煌。"[①]

2021年，第五次中央民族工作会议以"以铸牢中华民族共同体意识为主线，推动新时代党的民族工作高质量发展"为主题在北京召开。习近平总书记出席会议并发表重要讲话，强调新时代党的民族工作主线是铸牢中华民族共同体意识："铸牢中华民族共同体意识，就是要引导各族人民牢固树立休戚与共、荣辱与共、生死与共、命运与共的共同体理念。"[②]"回顾党的百年历程，党的民族工作取得的最大成就，就是走出了一条中国特色解决民族问题的正确道路。"[③]这是对以往党的民族工作的高度肯定，也是对新时代党的民族工作的方向指引。

---

① 习近平. 习近平谈治国理政：第2卷 [M]. 北京：外文出版社，2017：299.
② 习近平. 习近平谈治国理政：第4卷 [M]. 北京：外文出版社，2022：245.
③ 习近平. 习近平谈治国理政：第4卷 [M]. 北京：外文出版社，2022：243.

第三节 中国式现代化需要在城乡共同富裕中实现

党的二十大报告强调，共同富裕是中国特色社会主义的本质要求①。中国式现代化是城市和农村融合发展的现代化，要进一步缩小城乡差距，促进共同富裕，并关注农村养老问题和新时代相对贫困问题，在城镇化过程中坚持乡村振兴战略，科学应对农村空心化。党的二十大报告也提到，当前党和国家的事业中还存在城乡区域发展和收入分配差距仍然较大的问题②。在实现中国式现代化的过程中，城镇化还会不断推进，需要进一步统筹城乡发展，加快城乡融合，缩小城乡差距，促进全体人民共同富裕。在此过程中，还需要关注快速城镇化可能带来的农村青壮年外流、村庄急剧荒芜的人口空心化问题，以解决农村科技空心化、社会服务空心化和资源空心化为突破口，全面推进乡村振兴战略。

---

① 习近平.高举中国特色社会主义伟大旗帜 为全面建设社会主义现代化国家而团结奋斗：在中国共产党第二十次全国代表大会上的报告［M］.人民日报，2022-10-26（1）.
② 习近平.高举中国特色社会主义伟大旗帜 为全面建设社会主义现代化国家而团结奋斗：在中国共产党第二十次全国代表大会上的报告［N］.人民日报，2022-10-26（1）.

一、城镇化水平不断提升，人口城乡构成转向以城镇人口为主

新中国成立初期，我国人口城乡构成以乡村人口为主，乡村人口占比超过八成。随着城镇化水平不断提升，我国乡村人口比重逐渐下降，城镇人口比重相应上升。总体而言，我国城镇化发展呈现出起点较低、发展速度较快的特点。第一次全国人口普查数据显示，1953年我国乡村人口规模达50 534万人，占全国人口的86.74%；城镇人口7 726万人，占全国人口的13.26%。至1964年第二次全国人口普查时，城镇人口的比重提高了5.04个百分点，占全国人口的18.30%。

改革开放以来，我国人口城镇化进程加快。1982年第三次全国人口普查时，城镇人口比重开始超过20%，城镇人口规模超2亿人。随着沿海城市的发展及其对劳动力需求的剧增，加之国家人口迁移流动政策的转变，大量乡村人口流向城镇，促进城镇化快速发展。第四次全国人口普查数据显示，1990年全国30个省、自治区、直辖市（不含港澳台地区及福建省的金门、马祖等岛屿）中，居住在市、镇的总人口为29 651万人，占全国总人口的26.23%。其中市的总人口占比为18.69%，镇的总人口占比为7.54%。

进入21世纪，我国人口城镇化水平继续攀升。第五次全国人口普查数据显示，2000年全国31个省、自治区、直辖

市（不含港澳台地区及福建省的金门、马祖等岛屿）中，居住在城镇的人口 45 594 万人，占总人口的 36.09%；居住在乡村的人口 80 739 万人，占总人口的 63.91%。同 1990 年相比，城镇人口占总人口的比重上升了 9.86 个百分点。2010 年我国城镇人口规模超 6 亿人，城镇人口占比接近一半（49.68%）。同 10 年前相比，城镇人口增加 20 963 万人，乡村人口减少 13 324 万人，城镇人口比重上升 12.78 个百分点。第七次全国人口普查数据显示，2020 年全国城镇常住人口 90 199 万人，占比 63.89%，乡村常住人口 50 979 万人，占比 36.11%。与第六次全国人口普查相比，城镇人口增加 23 642 万人，乡村人口减少 16 436 万人，人口城镇化率上升 14.2 个百分点。自此，我国人口城乡构成由以乡村人口为主转变为以城镇人口为主。

如今我国人口城镇化水平居于世界中等偏上水平，与经济发展水平相当。未来，随着我国经济社会的持续发展，人口城镇化率还将继续提高。

二、农业农村发展成果显著，但城乡差距仍旧存在

农业是国民经济的基础性行业，不仅关系亿万人民的温饱问题，还是第二、三产业原材料的重要来源。新中国成立以来，党和政府高度重视农业与农村地区的发展，不断推动

农村地区改革，农业农村发展取得了显著成就。

从农业生产上看，我国粮食产量不断提高。新中国成立后，和谐稳定的国内环境有利于农业生产的顺利开展，粮食产量有所增长。改革开放以来，以家庭联产承包责任制为主要代表的多种农业生产合作制逐步建立和完善，激发了广大农民的生产积极性，使得我国粮食产量快速增长。1983年中央1号文件指出，"联产承包责任制和各项农村政策的推行，打破了我国农业生产长期停滞不前的局面，促进农业从自给半自给经济向着较大规模的商品生产转化，从传统农业向着现代农业转化"。"十三五"时期，中国粮食年产量连续保持在1.3万亿斤以上，成功把中国人的饭碗牢牢端在自己手中。

从农业生产和经营模式上看，我国农业生产组织方式和模式已发生重大变化，生产效率明显提高。农业生产和经营模式由传统农业逐渐向现代农业转变。从开展土地改革到实行农业合作化，再到建立家庭联产承包责任制，我国农业农村的体制机制不断创新，农民的生产积极性充分调动。党的十八大以来，农业生产组织方式更是发生了深刻变革。2016年，中共中央办公厅、国务院办公厅印发《关于完善农村土地所有权承包权经营权分置办法的意见》，对农村土地明确"实行所有权、承包权、经营权分置并行"[①]。农村土地"三权分置"制

---

① 中共中央办公厅 国务院办公厅关于完善农村土地所有权承包权经营权分置办法的意见［EB/OL］.（2017-11-28）［2023-05-10］. www.moa.gov.cn/nybgb/2016/shiyiqi/201711/t20171128_5922421.htm.

度对新时代农业农村发展有着重大意义。"三权分置"制度坚持农村土地集体所有权的根本地位，既保证了农民利益，又有利于促进农村土地流转，为农业的适度规模化经营打下了良好的基础，进而提高农业生产效率，促进现代农业发展。

从农村经济和农民收入上看，随着农业的发展，农村经济持续向好，农民收入不断提高。新中国成立初期，我国农村经济基础相对落后，农村居民人均可支配收入较低，存在大规模的农村贫困人口。改革开放以来，党和政府把发展作为解决贫困的根本途径。随着农业生产方式变革，农村农林牧副渔各业的经济活动大幅增加。社会主义市场经济体制的不断完善也为农产品和农副产品的贸易提供了便利，农村居民的生产生活条件都有所改善。党的十八大以来，我国农业生产稳定发展，农村居民收入持续增长，城乡收入差距有所缩小。如今我国脱贫攻坚战已取得全面胜利，现行标准下农村贫困人口全部脱贫，农村贫困地区的面貌被彻底改变。

但与此同时我们也应注意到，城乡二元结构仍旧存在，城市和农村在基础设施、公共服务、居民收入等方面的差距仍然较大。《中国统计年鉴2022》数据显示，2021年我国城镇居民人均可支配收入为47 411.9元，农村居民人均可支配收入仅为18 930.9元，是前者的40%左右。城乡发展不平衡不充分的问题突出，严重制约着我国经济的均衡发展。农业现代化是四个现代化的重要内容，中国式现代化必须重视拥有 4.9 亿多居民的农村地区。打破城乡二元结构的制度藩篱，着力推动城乡融合发展和区域协调发展是中国式现代化进程中必不可少的重要环节。

三、全面推进乡村振兴战略，助力实现城乡共同富裕

党的十九大报告指出："农业农村农民问题是关系国计民生的根本性问题，必须始终把解决好'三农'问题作为全党工作重中之重。"① 以习近平同志为核心的党中央审时度势，确立了农业农村优先发展总方针，作出实施乡村振兴战略的重大决策部署。乡村振兴战略符合广大农民的根本利益，是党和国家深刻认识城乡发展，站在社会主义现代化建设和中华民族伟大复兴的事业全局上高屋建瓴的战略选择。乡村振兴内涵丰富，包括产业振兴、人才振兴、文化振兴、生态振兴和组织振兴，是加快农村发展的一体化战略。乡村振兴的总要求是"产业兴旺、生态宜居、乡风文明、治理有效、生活富裕"，五个方面息息相关，缺一不可。为贯彻落实党的十九大精神，科学有序推进乡村振兴战略的实施，《中共中央、国务院关于实施乡村振兴战略的意见》《乡村振兴战略规划

---

① 习近平.决胜全面建成小康社会 夺取新时代中国特色社会主义伟大胜利：在中国共产党第十九次全国代表大会上的报告［N］.人民日报，2017-10-28（1）.

（2018—2022年)》《中共中央 国务院关于全面推进乡村振兴加快农业农村现代化的意见》等多份有关乡村振兴战略的文件相继出台。相关文件多次明确指出，"全面建设社会主义现代化国家，实现中华民族伟大复兴，最艰巨最繁重的任务依然在农村，最广泛最深厚的基础依然在农村"。"三农"问题是全党工作重中之重，"三农"工作重心已经历史性地转向全面推进乡村振兴。党的二十大报告指出："全面建设社会主义现代化国家，最艰巨最繁重的任务仍然在农村。坚持农业农村优先发展，坚持城乡融合发展，畅通城乡要素流动。"①

"十三五"时期，农业农村发展各项目标任务胜利完成，乡村振兴取得良好开局。在"十四五"时期，乡村振兴战略将继续全面推进，加快实现中国特色农业农村现代化。《中华人民共和国国民经济和社会发展第十四个五年规划和2035年远景目标纲要》明确指出，"坚持农业农村优先发展，全面推进乡村振兴"②。2021年国务院印发《"十四五"推进农业农村现代化规划》，提出要"加快形成工农互促、城乡互补、协调发展、共同繁荣的新型工农城乡关系"③。新型城乡关系是推进

---

① 习近平.高举中国特色社会主义伟大旗帜 为全面建设社会主义现代化国家而团结奋斗：在中国共产党第二十次全国代表大会上的报告［N］.人民日报，2022-10-26（1）.
② 中华人民共和国国民经济和社会发展第十四个五年规划和2035年远景目标纲要［M］.北京：人民出版社，2021：67.
③ 国务院印发《"十四五"推进农业农村现代化规划》［EB/OL］.（2022-02-11）［2023-05-10］.https://www.gov.cn/xinwen/2022-02/11/content_5673141.htm.

城乡融合发展、消弭城乡发展差距的新抓手。

2023年2月13日，中央1号文件《中共中央 国务院关于做好2023年全面推进乡村振兴重点工作的意见》公布。全文共九个部分，包括抓紧抓好粮食和重要农产品稳产保供、加强农业基础设施建设、强化农业科技和装备支撑、巩固拓展脱贫攻坚成果、推动乡村产业高质量发展、拓宽农民增收致富渠道、扎实推进宜居宜业和美乡村建设、健全党组织领导的乡村治理体系、强化政策保障和体制机制创新。这是新时代推进乡村振兴的重要指示，充分体现了以习近平同志为核心的党中央对全面推进乡村振兴战略一以贯之的重视。

第四节　中国式现代化将在人口大规模迁移流动中实现

随着经济社会的不断发展，我国的人口迁移转变已经呈现出新态势，在新时期面临着新的问题与挑战。一方面，从流动人口的本身发展态势来看，随着我国人口老龄化态势加剧，老年流动人口规模日益壮大，劳动年龄人口老化趋势日趋明显，不仅如此，流动儿童与流动女性数量也与日俱增；另一方面，从流动人口的政策体系来看，随着人口流动态势的日益复杂,对流动人口服务体系的要求也在不断提高,流动人口的社会融合仍是需要攻克的难题,与此同时,阻碍劳动力和人才社会性流动的障碍弊端依旧存在,社会性流动活力有待进一步激发。

一、流动态势趋于复杂多元,流动儿童、女性与老年群体不断壮大

随着流动政策的逐步完善和流动人口规模的壮大,尽管我国流动人口依旧以劳动年龄人口(尤其以青壮年)为主,但是流动儿童、流动女性和流动老年人群体数量也在不断增多。

20世纪90年代以来,我国人口流动由个体流动向家庭化流动转变,越来越多的人以"举家迁徙"的方式参与流动,流动儿童规模也随之增大。1982年,我国流动儿童规模仅为257万人,2020年流动儿童规模已经攀升到7 109万人,是改革开放之初的28倍左右,占中国儿童总数的24%左右,也就是说,平均每4个儿童就有1个儿童在流动。从流动儿童的内部差异来看,各学龄段儿童均呈大幅增长态势,其中0~2岁幼儿阶段的儿童和15~17岁义务教育后阶段的儿童增长速度最为迅猛,增幅分别达到了29倍和53倍。不仅如此,15~17岁流动儿童也是同龄儿童中比例最大的群体,

从 0～2 岁幼儿阶段到各个义务教育年龄阶段,流动儿童占全国同龄儿童比例一直在 20% 左右,但到了 15～17 岁义务教育后阶段,流动儿童占全国同龄儿童比例超过 40%,他们一方面可能面临异地高考的问题,另一方面也可能在流入地参与工作。流动儿童同为国家人口的一分子,他们所面临的问题不仅是个体的问题,也是整个国家面临的问题,事关国家的教育公平和发展大计,需积极稳妥解决。

流动女性是我国广大流动人口的一分子,其流动困境同样不容忽视。20 世纪 90 年代,流动男性的比例达到流动群体的高峰,此后流动人口性别比总体呈下降趋势,2020 年我国流动人口性别比为 112,流动女性占全体流动人口的 47% 左右。依据《中国流动人口发展报告 2016》,已经生育一个孩子的流动育龄妇女生育意愿很低,仅有 12.4% 明确表示要生育二孩,明确表示不要二孩的比例高达 55.2%。在生育支持政策体系尚不完善的当下,流动女性面临着更多的挑战,严重抑制了其生育意愿。不仅如此,随着流动人口—定居人口—新市民的身份转变,流动女性对公共服务体系的诉求不局限于生育服务、育后就业保障和普惠托幼体系,而是进一步扩大到教育、住房、医疗保障和文化等多个方面。

随着我国人口老龄化程度的不断提升,流动人口的中老年化趋势也越发明显,人口数量红利不断衰减。21 世纪以来,中年流动人口 (45～59 岁) 占比从 2000 年的 9.6% 提高至 2020 年的 20.7%；老年流动人口 (60 岁及以上) 占比在过去 20 年间总体呈上升趋势，从 2000 年的 5.3% 提升到 2020 年的 8.9%。流动人口中 16～59 岁劳动年龄人口占比从 2000 年的 80.0% 下降到 2020 年的 75.6%。流动人口年龄中位数和平均年龄分别从 1982 年的 23.0 岁和 27.3 岁逐渐上升至 2020 年的 33.0 岁和 34.7 岁，分别提高了 10 岁和 7.4 岁[1]。老年流动人口也并非同质群体，其中既有在流动之中悄然变老的"漂老族"，也有出于家庭原因而流动的"老漂族"。一方面，老年流动人口面临着就业保障和养老保障的问题，其权利保障问题值得关注；另一方面，由于老年人对家乡的文化认同更为深刻，但居于异地，难以返回故土，又难以适应在流入地的生活，其精神困境问题同样值得关注。

二、积极认识流动人口发展新态势，不断提升公共服务水平

流动儿童规模的扩大和内部的异质性对流动人口的服务体系提出了新的要求。儿童是国家的未来和希望，儿童的健康成长需要政策的改善和社会的支持。如何保障流动儿童在居住地

---

[1] 段成荣，邱玉鼎，黄凡，等. 从 657 万到 3.76 亿：四论中国人口迁移转变 [J]. 人口研究，2022，46（6）：41-58.

享受均等的公共服务，是提升流动儿童福祉的重要挑战。

2020年，我国0～2岁幼儿阶段的流动儿童为808万人，增长速度极为迅猛，占全国同龄儿童的19.39%，对流入地的托育服务体系提出了更高的要求，尤其在我国当前实施三孩政策，提倡适龄婚育、优生优育的背景下，解决幼儿阶段流动儿童的托育问题，对提振流动育龄妇女生育意愿、实现儿童健康发展至关重要。3～5岁流动儿童规模达1 147万人，占中国学前教育阶段儿童的21.73%。依据国家统计局发布的《农民工监测调查报告》，2016—2020年，农民工随迁子女进入公办幼儿园就读的比例略高于25%，近3/4的农民工随迁子女在民办幼儿园就读。依据教育部发布的数据，全国义务教育阶段进城务工人员随迁子女1 429.74万人，其中在公办学校就读的比例为80.0%，流动儿童接受义务教育的权利有待进一步保障，义务教育质量存在提升的空间。义务教育阶段以后，流动儿童在流入地参与升学考试依旧面临着重重困难。2012年，国务院办公厅转发教育部等部门《关于做好进城务工人员随迁子女接受义务教育后在当地参加升学考试工作意见》，要求各省做好进城务工人员随迁子女接受义务教育后的升学考试工作。到2020年，除西藏外，全国30个省、自治区、直辖市（不含港澳台）均相继出台了随迁子女在流入地参加高考的相关文件，但不同地区之间政策实行存在较大差异。总体来看，2020年我国随迁子女升入高中的比例为

39.64%，比全国平均水平57.09%低近20个百分点，这还是建立在一部分随迁子女回家乡参加中考的基础上。随着义务教育后阶段儿童规模的迅速增长，流动儿童的受教育需求将与日俱增，影响到社会发展的方方面面。

流动女性规模和比例的增加对我国的流动人口服务体系提出了更多针对性要求。女性参与流动，本身意味着女性思想的解放和我国男女性别平等的实践。随着流动人口服务体系的发展，各个地区已开始在生育、住房、医疗等各个方面为流动女性提供支持，但距离实现公共服务均等化仍有不短的距离，对流动女性的有效权利保障存在提升空间。依据《中国流动人口发展报告2017》，我国女性流动人口就业比例低于男性，长期失业率更高，找到长期稳定的工作相对较难，面临着更高的失业风险。

老年人群体往往被认为是流动性较低的群体，但随着我国城镇化进程的推进与人口流动的加剧，老年流动人口的规模迅速扩大。一方面，老年人口出于支持子女、照顾孙辈的需求离开家乡前往城镇，成为"老漂族"；另一方面，一部分流动人口在外长久漂泊，在居住地进入晚年，成为"漂老族"。这些老年流动人口所面临的问题既有共性，也有差异，对我国流动人口服务体系提出了更高的要求。

关爱流动老年人，既要关注其生活质量和养老保障，也要关注其社会融入和心理适应。社会保障问题是"老漂族"

和"漂老族"均需面对的问题,对于"漂老族"而言,这一问题尤为值得关注。尽管"漂老族"拥有更为深厚的本地人际网络和更为长久的融入经历,但无法同本地老年人一样享受均等服务,在流入地获得的社会保障较为有限,也难以获得家乡的社会支持和养老资源,其养老问题尤为值得重视。对于"老漂族"而言,他们为了子女进入陌生的城市,面临着异地医保等社会保障问题,同时也面临着语言不通、数字鸿沟、脱离原有社会支持网络等困境,在社会融入和文化适应方面需要来自政府和社会的支持。

三、破除妨碍劳动力、人才流动的机制和政策弊端,保障个体的自我发展

人口迁移流动为中国经济的高速发展与现代化进程的推进作出了积极贡献:一是数以亿计的农村剩余劳动力实现了产业转移,提高了劳动力的配置效率,促进了我国产业结构的转变;二是大规模的人口流动为劳动密集型产业提供了源源不断的劳动力供给,增强了中国经济的比较优势,在中国经济发展的关键时期发挥了重要作用;三是人口流动促进了生产要素的优化配置,提高了城市经济的聚集效应和规模效应;四是流动人口积极参与第三产业,不断满足城市服务市

场需求，提高了城市经济活动人口的生产效率，发挥了卓有成效的积极作用。

改革开放以来，流动人口的管理和服务体系不断朝科学化、人性化迈进，城乡之间、区域之间的流动渠道得到畅通，个体的技能提升和职业转换得到保障，但全国流动人口管理实践中依然存在很多有待解决的问题。

首先，户籍限制依旧存在。相当规模的流动人口难以获得流入地户籍，相当程度上影响了我国公共服务的均等化与流动个体同等享受发展红利，对个体及其家庭产生了深远影响。户籍制度改革仍需深化，尊重和顺应城市和人口发展客观规律，处理好实现公共服务均等化和落户门槛调整的问题，加快推进流动人口的市民化，充分发挥流动人口的发展潜力。

其次，科学合理的人才评价体系和积极正向的激励体制有待完善。我国在人才选拔上仍存在诸多就业歧视和选拔限制，公平、公开的竞争机制尚不完善。因此，有必要树立科学合理的人才评价体系和积极正向的激励机制，树立正确的用人导向，不断拓宽人才上升通道和发展空间，激发个体奋斗发展实现自我的动力。

最后，兜底保障机制有待健全。对于我国城市地区的诸多弱势群体而言，兜底保障对实现个人发展至关重要，这既需要保障起点教育公平，实现教育资源的分配均衡，也需要促进公平就业，保障弱势群体有公平竞争、实现自我发展的机会，还需要强化社会救助，保障困难群众的基本生活，提高社会流动能力。

中国式现代化是"本地人"和"外地人"的共同现代化，要进一步加强基层治理，社会和文明的进步要充分满足3.76亿"在路上"的流动人口的特殊现代化需求。中国式现代化的实现不能忽略人口流动：一方面要构建全方位、多层次的流动人口公共服务体系，重视各个流动群体的权益维护，满足流动人口内部不同群体的生存发展需求，不断提升流动人口的公共服务水平；另一方面还要破除妨碍劳动力、人才社会性流动的体制机制弊端，尊重和保障流动个体的迁徙自由，畅通不同行业、不同地区的流动渠道，构建科学合理的人才评价体系，使人人都有通过辛勤劳动实现自身发展的机会，增强个人通过努力奋斗改变命运的动力，进一步释放流动中国的经济社会发展活力。

第五节　中国式现代化将在家庭变迁中实现

当前，中国社会正处于剧烈变革中，以技术和经济变迁为核心的现代化力量、多元化和个体化的价值取向、日益增强的社会风险和市场前景的不可预期性，促使人们的婚育观念和婚育行为发生明显转变，初婚年龄不断推迟、终身不婚现象增多、生育意愿和生育率持续低迷逐渐成为现代社会人口发展的常态化特征，由此带来家庭的结构转型、功能转向、关系转轨。

我国人口的婚育年龄不断推迟，不婚不育人群比重不断增大，家庭的形成因客观风险和婚育观念转变的存在而受到影响。不仅如此，随着家庭现代化的推进，家庭规模小型化、家庭结构简单化的趋势日益明显，家庭养老、抚育功能日趋社会化。但是，由于我国社会福利体系尚不完善，外部全球化风险带来的竞争压力和不确定性提升，家庭功能社会化和社会福利体系的衔接受到影响。家庭一面需要承担更多责任，一面又面临着更多生存压力和重重挑战。家庭变迁是我国现代化进程中不能忽略的挑战。

一、婚姻转变正悄然发生，游离在家庭外的不婚不育人群值得关注

随着人们受教育年限的提高和自我意识的觉醒与发展，中国几千年普婚普育的传统正在发生改变。新时代适婚群体的婚姻规划不断推迟，比重小但规模巨大的单身人群将游离于婚姻家庭之外。中国式现代化是男性和女性共同发展的现

代化，也是个人和家庭追求美好生活的现代化，未来大规模游离于婚姻家庭之外的单身群体值得关注。

尽管中国目前为止仍是普婚社会，但婚姻转变也许正在悄悄发生。根据历年《中国人口和就业统计年鉴》数据计算，1999年我国"70后"人口结过婚的比例是64.1%，2009年"80后"人口结过婚的比例为49.2%，2019年"90后"人口结过婚的比例降为42.2%，20年来分年龄段的人口在相似年龄阶段的结婚率一直在下降。第七次全国人口普查数据显示，2020年我国的平均初婚年龄是28.67岁，很多城市地区已经超过30岁。随着女性的受教育水平和经济社会地位不断提高，女性对婚姻质量的重视程度和家庭平等关系的期待程度提高。但是，目前的婚姻制度依旧倾向于相对传统的性别关系，女性对于进入婚姻产生重重顾虑，尤其对受过高等教育的女性而言，她们可能会因此推迟结婚或干脆放弃缔结婚姻，成为游离在婚姻家庭外群体的一员。

20世纪80年代以来，我国出生性别比持续走高，影响了当下适婚人口的性别比。不同地区适婚人口性别比的不均衡程度有所不同。一般而言，农村地区、经济发展水平不高的地区性别比失衡会更为严重，更可能出现一大批被迫单身的男性。长远来看，缓解和解决我国性别比失衡的问题，需要培育男女性别平等的土壤，不断削弱和消除男孩偏好，努力保障男女平等接受教育的权利和机会，营造良好的女性就业发展环境，持续完善和实践男女性别平等的法律，保证女性在权利、机会、结果三个方面真正实现与男性平等。

正如习近平所言，"建设一个妇女免于被歧视的世界，打造一个包容发展的社会，还有很长的路要走，还需要付出更大努力"①。当前我国需要进一步倡导性别平等的家庭文化和社会文化，构建新时代的婚育文化，完善婚姻家庭制度，从社会层面和家庭领域一起推进性别平等落到实处，加大对家庭性别平等意识和行为培育，形成健康和谐的现代化两性关系，成就家庭的和谐健康发展。

二、家庭变革不断推进，家庭面临重重挑战

随着我国现代化、工业化和城镇化进程的不断推进，家庭朝着规模小型化、结构核心化、关系简单化和功能弱化和外化的方向变迁。第七次全国人口普查数据显示，2020年，全国平均家庭户规模为2.62人，比2010年的3.10人减少0.48人。家庭规模小型化趋势仍在推进，全国家庭户平均规模甚至不足以达到典型的三口之家。

现代社会的转型、家庭结构和家庭关系的变化，在一定

---

① 习近平. 习近平在联合国成立75周年系列高级别会议上的讲话 [M]. 北京：人民出版社，2020：23.

程度上改变了传统家庭功能的存在方式及实践活动本身。家庭的生育功能异化，育龄人群不想生、不敢生、难生育。在育儿的过程中往往是不同代际的女性承担了绝大部分责任，其中母亲尤甚。随着我国生育观念和生育行为由重数量向重质量转变，密集母职使女性往往难以平衡工作和家庭，影响了女性的劳动力市场地位和职业发展，也会使得有志于个人价值实现的女性被迫选择不生育，生育意愿与生育行为出现背离。此外，依据《中国卫生健康统计年鉴2021》数据，2020年我国人工流产例数近900万，出生人口约1 200万人，人工流产在一定程度上影响了我国的出生人口形势。家庭支持政策应纳入性别视角，关注想生育但有顾虑的人群，保障个体生育意愿的实现与家庭生育功能的正常发挥。

家庭的养老功能弱化，使老年人较过往承担了更多的责任，同时由于家庭变迁，我国一部分老年人还面临着养老困境。尽管子女对父母的孝道依然存在，但随着人口流动的日益频繁与家庭结构和功能变迁，空巢家庭越来越成为老年家庭的主流，老年父母面临着缺乏子女照料和情感沟通的困境。我国养老保障体系一定程度上改变了传统的家庭养老模式，但子女赡养、照料老年父母依旧是我国老年父母养老不可缺少的一环，子女赡养父母的义务和责任不容忽视。而在老年父母的责任承担上，首先，随着生育率的下降、家庭规模的小型化与我国教育事业的发展，年轻夫妻对子女教育的重视程度逐渐提高，教育投资压力不断增大；其次，市场经济体制改革加之我国当前不完善的婴幼儿普惠托育体系，使年轻夫妻双方往往都需要参与工作才能满足家庭的开支需要，由此其往往不得不依赖于亲子纽带，将一部分压力转移到老年父母身上，老年父母也往往在责任伦理的驱动下为子女分担，最终由老年父母承担起照顾孙子女的责任；再次，老年父母在子女的亲事操办上仍是经济上的主要承担者与付出者，往往承受着较大的经济压力。

总体而言，尽管人口与经济之间会相互影响，但人口作为慢变量难以通过政策手段迅速调整，因此经济的发展要充分认识和尊重我国特殊人口国情及其发展规律，以制度变动适应人口，更加关注巨大人口规模背景下的多维结构性差异。要充分认识、尊重和预判人口规模巨大的不同人口子群体在现代化过程中的发展差异、需求差异，提前做好政策预判并预留政策空间，克服可能产生的现代化进程不充分、不协调的问题，稳步实现全体人民的协调共享的现代化。

在以往的实践中，当人口生育率非常高、政策效果非常明显时，主导的思路是调整人口以适应经济发展。但目前中国人口已进入拐点，人口数量压力向人口结构性挑战转变，人口增长由正转负，人口增长负惯性继续长期积累，生育调节弹性小，政策效果不明显，更加需要转变思路，应对新时期人口转变的种种风险，同时紧抓人口转变新时代的机遇，化危为机,实现从量的优势向质的优势转变。尽管我国人口负增长态势开始显现,人口老龄化态势将长期存在,但我国劳动力规模依然庞大,人口健康和劳动素质得到显著提升,随着城镇化进程的进一步推进,将能实现更多劳动力的城乡转移和更好的人力资源配置,在广大人口市民化的进程中,将实现居民消费需求的扩大和经济的内需驱动,经济发展仍存在人口红利。对于我国规模巨大的人口而言,生育政策的调整和配套设施的完善,其目的主要在于充分满足各群体生育意愿,创建生育友好型社会,其社会文化效应要高于人口数量调整效应。经济发展需要基于我国未来长期负增长、老龄化的人口前景并顺应人口发展规律,从技术创新、人工智能、产业升级换代等方面进行突破,从劳动力密集型转为劳动力节约型,以适应人口新变化。

| 第五章 |

人口规模巨大的现代化道路的发展途径和推进方式

习近平总书记反复强调,治理一个国家,推动一个国家实现现代化,并不只有西方制度模式这一条道。历史条件的多样性决定了各国现代化道路的多样性,中国独特的国情、文化传统和历史进程,决定了中国必须坚定不移、独立自主推进适合自己特点的现代化。党的二十大报告指出,中国式现代化是人口规模巨大的现代化。我国14亿多人口整体迈进现代化社会,规模超过现有发达国家人口的总和,艰巨性和复杂性前所未有,发展途径和推进方式也必然具有自己的特点。

在人口规模巨大的背景下实现中国式现代化,需要坚持党的领导,坚定不移地以人民为中心,牢记人民群众是历史的创造者,努力满足人民日益增长的美好生活需要;需要坚持问题导向,把握人口发展历史方位,立足人口基本国情,与时俱进优化发展战略、深化改革开放,持续提高人口治理能力和水平,努力实现人口长期均衡发展的目标;需要落实新发展理念,着眼于人口规模巨大的总体和各子群体,注重人与自然之间的和谐共生,把握世界人口变动趋势和人口发展时代规律,努力实现创新、协调、绿色、开放、共享的发展;需要坚持走中国式人口发展道路,全面推进健康中国建设,实施人口均衡发展战略和积极应对老龄化战略,坚持统筹设计与综合决策,努力实现人口高质量发展。

第一节 坚持党的领导,以人民为中心

一、中国共产党是成就伟业的主心骨

"中国共产党所具有的无比坚强的领导力,是风雨来袭时中国人民最可靠的主心骨。"[1]在历史的反复比较和各种政治力量的反复较量中,中国共产党应运而生,义无反顾地肩负起实现中华民族伟大复兴的历史使命。回望过去百年的风雨历程,中国共产党始终坚持为中国人民谋幸福,为中华民族谋

---

[1] 习近平.在全国抗击新冠肺炎疫情表彰大会上的讲话[M].北京:人民出版社,2020:17.

复兴。

新民主主义革命时期，中国共产党将马克思主义基本原理同中国革命具体实际相结合，科学地回答了近代中国革命向何处去的问题，带领广大群众取得了民族独立、人民解放的伟大胜利。1919年，中国还是一个以农民为主体的、半殖民地半封建的东方大国，遭受着帝国主义、封建主义、官僚资本主义的残酷压迫。1921年中国共产党成立后，团结带领人民开展了一系列争取民族独立和自身解放的斗争，经过北伐战争、土地革命战争、抗日战争和解放战争，推翻了三座大山，以武装的革命反对武装的反革命，建立了人民当家作主的中华人民共和国，彻底结束了旧中国一盘散沙的局面，为实现中华民族伟大复兴创造了根本条件。

社会主义革命和建设时期，中国共产党对马克思列宁主义再一次进行了中国化的创造性运用和发展，坚持并运用毛泽东思想的活的灵魂，领导人民从建立新中国到巩固新中国再到建设新中国，实现了从新民主主义到社会主义的伟大转变。1949年，新中国成立之时仍面临着错综复杂的国内国际环境，中国共产党领导建立和巩固了工人阶级领导的、以工农联盟为基础的人民民主专政的国家政权，领导人民积极面对政治、经济、军事等方面的严峻挑战，为国家迅速发展创造了条件。1956年，党的八大的召开明确了加强执政党建设、丰富和发展了群众路线思想，同时确定了集中力量发展社会生产力的主要任务。后续通过几个五年计划的实施，取得了经济、教育、科学、文化、卫生、国防、外交等事业的巨大发展，为实现中华民族伟大复兴奠定了根本政治前提和制度基础。

改革开放和社会主义现代化建设新时期，中国共产党继续探索并确立了党在社会主义初级阶段的基本路线，坚定不移推进改革开放，实现了新中国成立以来党的历史上具有深远意义的伟大转折，实现了中华民族从站起来到富起来的伟大飞跃。1978年，党的十一届三中全会作出了党和国家工作重心转移到经济建设上去、实行改革开放的历史性战略决策。在之后的逐步实践中，中国共产党成功开创了中国特色社会主义，形成了邓小平理论、"三个代表"重要思想、科学发展观等重大理论成果。在正确理论的指导下，党领导人民进行了经济建设、政治建设、文化建设、社会建设，取得了一系列重大成就，我国从生产力相对落后一跃成为经济总量世界第二，为实现中华民族伟大复兴提供了充满新的活力的体制保证和快速发展的物质条件。

党的十八大以来，中国特色社会主义进入了新时代。中国共产党团结带领人民，统揽伟大斗争、伟大工程、伟大事业、伟大梦想，形成了习近平新时代中国特色社会主义思想，实现了第一个百年奋斗目标，开启了实现第二个百年奋斗目标新征程。党的二十大报告明确指出，新时代中国共产党的中心任务就是团结带领全国各族人民全面建成社会主义现代化强国、实现第二个百年奋斗目标，以中国式现代化全面推进中华民族伟大复兴。党决心带领我国 14 亿多人口整体迈进现代化社会，放眼人类历史和当今世界，"既是最难的，也是最伟大的"①。中国共产党的百年奋斗历史证明了，"中国特色社会主义最本质的特征是中国共产党领导，中国特色社会主义制度的最大优势是中国共产党领导"②，中国共产党有信心和能力带领广大人民群众在新时代成就伟业。

二、人民群众是历史的创造者

"人民群众是历史的创造者"，是历史唯物主义的基本原理之一；"坚持群众路线"，是中国共产党创造性地将马克思主义中国化的工作路线，也是党的生命线；"以人民为中心"，是新时代引导国家发展和民族复兴的最高遵循，体现了当代共产党人的根本立场和价值指归。全面建设社会主义现代化国家，必须团结起亿万人民的智慧，充分发挥亿万人民的创造伟力。

---

① 杜尚泽.微镜头·习近平总书记参加党的二十大广西代表团讨论："既是最难的，也是最伟大的"[N].人民日报，2022-10-18（1）.
② 习近平.决胜全面建成小康社会 夺取新时代中国特色社会主义伟大胜利：在中国共产党第十九次全国代表大会上的报告[N].人民日报，2017-10-28（1）.

何为"人民群众"？有学者认为，习近平总书记将新时代的"人民"范畴和"历史"范畴具体化，赋予其时代内涵。首先，就现代化和人民的关系看，人民是从思想上和行动上为推进中国特色社会主义现代化事业而奋斗的"全体社会主义劳动者、社会主义事业的建设者、拥护社会主义的爱国者、拥护祖国统一和致力于中华民族伟大复兴的爱国者"[①]，并始终接受和拥护中国共产党的领导。其次，从国家和人民的关系看，人民是国家的主人，人民民主是社会主义的生命。最后，从党和人民的关系看，新时代的人民与中国共产党不仅是鱼水关系更是血肉关系，党始终同人民同呼吸、共命运、心连心。

习近平总书记在十三届全国人民代表大会第一次会议上的讲话中，强调了新时代的中国人民的精神品格与时代特质：中国人民是"具有伟大创造精神的人民""具有伟大奋斗精神的人民""具有伟大团结精神的人民""具有伟大梦想精神的人民"[②]。中国人民是中国几千年历史的奋斗和创造主体，用智慧、勤劳和牺牲凝聚出无数成果，培育了历久弥新的中华民族精神。在中国特色社会主义进入新时代以来，依靠人民群众，我国完成了脱贫攻坚、全面建成小康社会的历史任务，

---

① 中华人民共和国宪法：最新修正版［M］.北京：法律出版社，2018：59.
② 十三届全国人大一次会议在京闭幕：习近平发表重要讲话［N］.人民日报，2018-03-21（1）.

经济实力实现了历史性飞跃,经济总量稳居世界第二位,人民生活取得了全方位的改善,共同富裕取得了新成效。

中国梦归根结底是人民的梦,团结奋斗是中国人民创造历史伟业的必由之路。在人口规模巨大的现代化发展道路上,14亿多人民群众不只是中华民族实现伟大复兴的成果享受者,更是具有主观能动性的创造主体。在不断推进现代化的进程中,要始终重视人民群众的主体地位,注重人民群众对社会的创造性作用,而不能空泛地谈人民、人民主权及人民品格,否则将陷入历史虚无主义的深渊。

三、在党的领导下坚持以人民为中心的发展思想

实现规模巨大的14亿多人口的现代化,要坚持中国共产党的领导,坚持以人民为中心的发展思想。坚持党的领导,能够确保我国社会主义现代化建设的正确方向;坚持以人民为中心,明确了我国社会主义现代化建设的根本宗旨和根本力量;在党的领导下坚持以人民为中心的发展思想,才能确保将人民的智慧和力量凝聚到党和人民事业中来,才可能完成全面建成社会主义现代化强国、实现第二个百年奋斗目标的任务。

中国共产党根基在人民、血脉在人民。党的十八届五中

全会首次提出了"坚持以人民为中心的发展思想"①，其基本内涵就是坚持人民至上，至少包含三层意蕴，即根本取向是坚持发展为了人民，核心思路是发展依靠人民，根本目的是坚持发展成果由人民共享。可以说，人民至上作为新时代中国特色社会主义最核心的价值，从根本上区别于西方资本主义国家的价值观念，我们所坚持的人民利益高于一切，和西方奉行个人主义、把资本利益置于人民利益之上有本质不同，这也是中西核心价值观的对立所在。

伴随着在社会主义现代化道路上的不断探索实践，人民至上的价值理念在中国共产党的意识形态话语体系中越发深刻。第一，在党的十九大报告中，"坚持以人民为中心"被写入了新时代坚持和发展中国特色社会主义的十四条基本方略中，贯穿于中国特色社会主义伟大事业的战略布局中②。第二，党的十九届六中全会通过的《中共中央关于党的百年奋斗重大成就和历史经验的决议》，将"坚持人民至上"作为中国共产党一百年来领导人民进行伟大奋斗积累的十条宝贵历史经验之一，明确提出人民是党执政兴国的最大底气③。第三，党

---

① 中国共产党第十八届中央委员会第五次全体会议文件汇编［M］.北京：人民出版社，2015：25.
② 习近平.决胜全面建成小康社会 夺取新时代中国特色社会主义伟大胜利：在中国共产党第十九次全国代表大会上的报告［N］.人民日报，2017-10-28（1）.
③ 中共中央关于党的百年奋斗重大成就和历史经验的决议［M］.北京：人民出版社，2021：66.

的二十大报告将"坚持人民至上"明确界定为习近平新时代中国特色社会主义思想排在第一位的、首要的世界观和方法论,用其来指导中国式现代化的具体实践①。

中国共产党为人民而生,因人民而兴。中国共产党的主要创始人李大钊曾这样描述党的性质:"不是政客组织的政党,也不是中产阶级的民主党,乃是平民的劳动家的政党"②。另一位主要创始人陈独秀也写道:"我以为共产党底基础建筑在无产阶级上面,在理论上,自然要好过基础建筑在有产阶级上面用金力造成的政党"③。党团结带领人民进行革命、建设、改革,根本目的就是让人民过上好日子。截至 2022 年底,全国基本养老、失业、工伤保险参保人数分别为 10.5 亿人、2.4 亿人、2.9 亿人,全国社会保障卡持卡人数 13.68 亿人,覆盖 96.8% 的人口;2022 年,全国城镇新增就业累计实现 1 206 万人,超额完成 1 100 万人的全年预期目标任务,脱贫人口务工规模 3 278 万人,同比增加 133 万人;基本医疗保险参保人数 2021 年底已达 13.6 亿人,覆盖率稳定在 95% 以上……在新时代的社会建设中,中国逐步建立、完善的多层次社会保障体系,在保障了人民的安全生活和社会的稳定运

---

① 习近平. 高举中国特色社会主义伟大旗帜 为全面建设社会主义现代化国家而团结奋斗:在中国共产党第二十次全国代表大会上的报告 [N]. 人民日报,2022-10-26(1).
② 中国李大钊研究会. 李大钊全集:第 3 卷 [M]. 北京:人民出版社,2013:350.
③ 陈独秀. 陈独秀文集:第 2 卷 [M]. 北京:人民出版社,2013:174.

行的同时，也为 14 亿多人口整体迈进现代化社会打下了坚实的基础。

今天，中国共产党成立已逾百年，历史和经验证明，无论是从理论上还是实践上，中国共产党始终同人民站在一起，为人民谋幸福、谋发展，正因如此，中国人民选择了中国共产党作为领导自己的核心力量，党和人民早已如血和肉、鱼和水、种子和土地一般不可分割。坚持党的领导和坚持以人民为中心，在新时代中国特色社会主义的伟大实践中体现出高度的统一性，坚持两者的有机统一，才能确保拥有团结奋斗的强大政治凝聚力、发展自信心，才能真正推进实现人口规模巨大的现代化。

第二节　坚持问题导向，持续推进人口治理能力现代化

一、把握历史方位，始终从国情出发想问题、作决策、办事情

实现现代化是世界各国人民的共同追求和社会发展的必

然趋势，选择什么样的现代化模式则同一个国家的发展历史和社会制度密切相关。新中国成立以来，特别是改革开放以来，我们用几十年时间走完西方发达国家几百年走过的工业化历程，创造了经济快速发展和社会长期稳定的奇迹，为中华民族伟大复兴开辟了广阔前景。中国共产党在社会主义建设的历史比较中不断深化认识社会主义建设规律，在遵循现代化一般规律的基础上，结合本国实际，选择了符合人类历史发展总趋势的中国式现代化道路，同时也是强国建设、民族复兴的唯一正确道路。

人口是国家发展的基础性、全局性、长期性和战略性要素，人口特征是我国经济社会发展的重要国情。要顺利推进人口规模巨大的中国式现代化，必须要把握新时代人口发展的历史方位和阶段性特征，清晰认识当前面临的新的人口国情。

第一，我国人口增长惯性减弱，人口总量已经达到峰值。中国人口内在自然增长率从20世纪90年代开始就已经由正转负，意味着中国人口增长的内在趋势在90年代已发生方向性的改变，负增长势能已经累积30余年。21世纪以来，中国人口发展面临从以往数量压力到结构性挑战的历史性转变。国家统计局数据显示，2022年末全国人口为141 175万人，比上年末减少85万人，这意味着我国人口已经在2021年达到峰值，未来将是人口负增长常态化时期，而由人口负增长和人口结构性变化带来的挑战可能将伴随着我国现代化建设的全过程。

第二，我国人口年龄结构不断老化，即将进入中度老龄化。根据历次全国人口普查资料和《2021年度国家老龄事业发展公报》，我国人口老龄化程度（即60岁及以上人口占比）已从1999年最初进入老龄化社会的10.0%大幅提高至2021年的18.9%，人口老龄化发展速度快，80岁及以上高龄老年人口总量也在不断增加。根据预测，到2035年前后，我国老年人口占比将超过30%，进入重度老龄化阶段。

第三，劳动年龄人口不断减少，劳动力老化程度加重。国家统计局数据显示，我国劳动年龄人口数量已经连续10年下降：2011年中国劳动年龄人口（16～59岁）达到峰值94 072万人，此后开始下降；2012年比2011年减少345万人，为93 727万人；2018年，我国劳动年龄人口首次降到9亿人以下，为89 729万人；2022年劳动年龄人口为87 556万人，占全国人口的比重为62.0%，相比2021年减少666万人。

第四，我国人口健康状况不断改善，人口素质大幅度提高。根据《中国卫生健康统计年鉴2021》，我国人口平均预期寿命从新中国成立前的35岁左右，猛增至1981年的67.9岁，此后仍不断提升，2021年人口平均预期寿命已提高到78.2岁。根据历次全国人口普查数据计算，我国人口平均受教育年限持续增加，从1990年的6.43年提高至2020年的9.91

年；高等教育发展迅猛，每10万人中拥有大学（指大专及以上）受教育程度的人口在1982年仅615人，到2020年达到15 467人，扩大了24倍；扫盲工作取得了巨大成就，文盲率从1982年的22.8%大幅下降至2020年的2.7%。

第五，我国出生人口性别比逐渐下降，家庭结构呈现多样化趋势。随着经济发展、生育政策不断调整完善及社会风尚发生变化，我国出生人口性别比呈稳步下降态势，性别结构持续改善。与此同时，核心家庭（由已婚夫妇及其未婚子女组成的家庭）和直系家庭（由父母同一个已婚子女及其配偶、子女组成的家庭）成为主要的家庭形式，单人家庭、单亲家庭以及"丁克家庭"的比例逐步提高。

第六，我国人口空间流动愈加活跃，实现了从"乡土中国"形态到"迁徙中国"形态的转变。根据历次全国人口普查数据计算，我国人口流动参与度从1982年的0.7%大幅提升至2020年的26.6%。未来经济社会的发展、政策的制定需要立足于人口流动性不断提高的基础之上。

当前我国的人口发展面临着许多新变化和新挑战，以上六个方面也是人口规模巨大的现代化所面临的人口阶段性特征。对历史进程的认识越全面，对历史规律的把握越深刻，对前途的掌握就越主动。把握好新时代的人口国情，始终从人口国情出发想问题、作决策、办事情，才能更好地助推中国式现代化建设任务的顺利开展。

二、保持与时俱进,及时转变人口治理理念与方式

人口发展是事关国家兴衰和民众福祉的基础性、全局性和战略性问题,一直以来,党和国家都将人口发展问题放在"国之大者"的位置,人口治理也逐渐实现了从管控到管理、再从管理到服务的方式转变。

新中国成立初期,受经济发展条件的限制,控制增长过快的人口总数、着力提升人口素质是党和国家的现实需要。随着新中国经济社会的稳定发展和医疗条件的改善,人口死亡率迅速下降,人口增长速度空前,全国总人口从1949年的5.4亿人迅速增加到1970年的8.3亿人,在当时的社会背景和政策下,人口问题逐渐成为制约我国经济发展的重要因素:城市失业问题越来越严重,年人均粮食占有量较低,人均收入增长缓慢,人民生活水平低下。1971年,党中央、国务院作出在全国城乡普遍推行计划生育的重大决策,并在1982年将计划生育确定为基本国策。今天来看,我国在经济还不发达的情况下全面推行计划生育,推动我国用30年时间迅速走过欧洲国家上百年才走完的人口转变历程,创造了人口红利充分释放的发展窗口期,为人民的卫生、教育及生存发展水平提高创造了条件,使人口、资源与环境的压力得到初步缓解。

进入21世纪,我国在坚持计划生育政策的同时,也逐渐

认识到人口发展的新问题和新要求，积极推进了人口宏观管理理念的转变和管理体制的创新。新世纪之初，我国的人口发展问题兼具复杂性和严峻性：2000年全国人口普查结果显示，我国人口总和生育率已降至1.22，远低于2.1的更替水平；社会保障的覆盖面过窄，社会保险仅仅覆盖城镇部分人口，对于占全国人口80%的农村人口来说几乎是一个空白；改革开放带来了人口流动大潮，2000年流动人口规模已经超过1亿人，流动人口带来的户籍管理、计划生育管理、城市管理和劳动力市场建设等问题越发凸显。2003年，经全国人大会议审议通过，国家计划生育委员会更名为国家人口和计划生育委员会，在稳定低生育水平的同时，将出生人口性别比失衡综合治理、流动人口服务管理体系完善、人口老龄化应对作为人口管理改进的重要内容。这意味着这一阶段，政府对人口问题已经从过去单纯稳定低生育水平的控制型思路，逐步转向了统筹解决人口问题、促进人的全面发展的管理型思路。

进入新时代，我国的人口治理更加注重以人为本，将人的权利、健康、发展和福祉作为人口问题治理的出发点和归宿，更加尊重家庭和个人的生育意愿，更加积极地应对老龄化，对待、处理人口问题的理念和方式从管理逐渐向服务过渡，不断加快推进政府职能的转变。2013年3月，我国将卫生部的职责、人口计生委的计划生育管理和服务职责进行整合，组建了国家卫生和计划生育委员会。2018年3月，第十九届中央委员会第三次全体会议通过的改革方案进一步将我国卫生和计划生育委员会的职责进行了整合，正式组建了国家卫生健康委员会。这些调整表明对人口的关注不应该仅仅局限于传统计划生育的内容，更加突出了健康这一核心目标导向。随着人口国情的继续转变，我国先后作出了实施单独二孩政策、全面二孩政策和三孩生育政策及其配套措施的重大决策，并将建立起覆盖全生命周期的人口服务体系，这些都标志着我国在持续推进服务型政府的建设。

经验证明，在推进人口规模巨大的现代化的道路上，要及时转变人口治理理念和方式。以生育为例，过去关注控制人口数量，现在需要着力提升适度生育水平、提高人口素质、改善人口结构、优化人口分布，促进人口长期均衡发展，基本国策有了新内涵；过去以管理为主，现在要清理和废止相关制约措施，增强生育政策包容性，优化生育养育综合服务，出台积极支持措施，切实减轻群众负担，提升家庭发展能力；过去主要依靠政府力量，现在更加注重政府和社会协同治理，尊重并充分发挥社会各方的积极性，营造生育友好的社会氛围。当前，要着眼强国建设、民族复兴的战略安排，认识、适应、引领人口发展新常态，形成新时代的人口治理理念和方式，不断完善新时代人口发展战略的内涵，以人口高质量发展支撑中国式现代化。

三、持续深化改革，提高人口治理能力和水平

坚持深化改革开放是我国现代化前进道路上必须把握的原则之一。党的十八大作出了全面深化改革的战略部署，党的十八届三中全会研究并发布了《中共中央关于全面深化改革若干重大问题的决定》，提出了十五个方面的改革任务，并计划到 2020 年在重要领域和关键环节改革上取得决定性成果。党的十九届四中全会围绕我国国家制度和国家治理体系上应该坚持和巩固什么、完善和发展什么这个重大政治问题，发布了《中共中央关于坚持和完善中国特色社会主义制度 推进国家治理体系和治理能力现代化若干重大问题的决定》，提出了总体目标和十四个方面的具体要求。在党的二十大上，习近平总书记继续强调全面深化改革开放，要求深入推进改革创新，坚定不移扩大开放，着力破解深层次体制机制障碍，不断彰显中国特色社会主义制度优势，不断增强社会主义现代化建设的动力和活力，把我国制度优势更好转化为国家治理效能。

坚持深化改革开放的目的是完善和发展中国特色社会主义制度，推进国家治理体系和治理能力现代化。人口治理是持续深化改革与国家治理现代化进程中的一项重要内容，要着眼于我国人口发展面临的突出矛盾和问题，着眼于现代化

建设战略安排，破除影响人口长期均衡发展的思想观念、政策法规、体制机制等。有学者指出，不同于西方以"国家—社会"为主的二元模式，中国更强调在"家国责任"之下的自由。《乡土中国》中也提到，家庭是中国乡土社会中的基本社群，有别于西方担负生育功能的暂时性亲子社群，中国的家庭还长期延续式地承担着政治、经济、文化等功能。因此中国的社会治理可以看作"国家—家庭—社会"三元治理模式，家庭作为中介也提供了丰富的治理资源，创造了更多的结构性优势和策略空间。基于此，提高我国的人口治理能力和水平也可以从国与家两方面着手来推进改革的持续深入。

一方面，要进一步总结人口治理的中国方案，实现人口治理的顶层设计和政府的基层实践共振。高效的顶层设计是人口治理体系和治理能力现代化程度的集中体现，能够为基层人口治理实践提供理论指导与制度支撑，而基层的人口治理实践是顶层设计的智慧来源与政策落地实施的关键。我国作为14亿多人口的大国，源远流长的优秀传统文化、丰富的人力资本和坚实的人才队伍、社会主义建设过程中在人口治理领域累积的宝贵经验、改革开放以来同其他国家的交流学习等，都为我国新时代的人口治理积累了优势。高效的人口治理顶层设计需要以我国基层宝贵的实践经验、丰富的人口治理案例与数据为基础，把握新时代不断变化的人口国情与人口需要，用综合性的视角、世界性的眼光，以中国特色新型高端智库为重要决策参考，来聚焦、研判和解决全局性、长远性的重大人口问题。在顶层设计的指导下，要坚持综合治理，落实党和政府牵头抓总的主体责任，夯实各部门协同配合、全社会共同参与的工作格局，形成人口工作合力，牢牢把握工作的主动权。

另一方面，要充分重视政府和社会协同治理，把握家庭在我国人口治理格局中的支柱作用并延续其突出优势。我国的传统家庭主义及其文化伦理具有强大的生命力，为国家治理提供了更多的策略回旋空间。我国在人口治理的过程中往往借助家庭的中介或缓冲，例如随着城镇化的深入，政府越来越重视流动人口的家庭整体保障，以应对新生代农民工的城市融入问题、随迁老人及留守老人问题和流动家庭化等现象。未来顺应人口规律、强化服务职能的人口治理，不应再固守于刚性的直接干预调节，而是通过家庭政策等工具来间接影响人口。

四、加强统筹协调，积极实现人口长期均衡发展的战略目标

人口发展事关长远、事关经济社会发展全局。党的十八大以来，党中央高度重视人口问题，根据我国人口发展形势

变化，持续推进健康中国建设，不断优化人口发展战略，实施积极应对人口老龄化国家战略，作出逐步调整完善生育政策、促进人口长期均衡发展的重大决策。

2021年6月，中共中央、国务院《关于优化生育政策促进人口长期均衡发展的决定》强调，人口工作要以均衡为主线，统筹考虑人口数量、素质、结构、分布等问题，促进人口与经济、社会、资源、环境协调可持续发展，促进人的全面发展。这意味着，人口长期均衡这一战略目标的实现，不仅需要依靠人口政策与管理服务的支持，还需要加强各类政策的协调配合，形成共促高质量发展的合力。这也为人口治理提供了一些可行思路：

第一，从人口问题本身来看，实现适度生育水平、积极应对老龄化是首要任务。一方面，要切实贯彻落实好三孩政策，辅以适度鼓励生育的支持政策和激励政策，降低生育、养育成本，让群众"愿意生、生得起"。另一方面，要加强建设保障老年人生活和基本权益的社会保障制度框架，在稳定养老财富储备与经济基础的同时，把握长寿机会窗口，挖掘老龄产业新经济增长点，促进老年人的社会参与。与此同时，还需要进一步完善相关法律法规体系。现行的《人口与计划生育法》等已经不再适应当前及未来人口发展的需要，需尽快启动新的人口立法工作，顺应人口少子化、老龄化发展趋势。

第二，从人的全面发展来看，实现幼有所育、学有所教、劳有所得、病有所医、老有所养、住有所居、弱有所扶是长期目标。人口问题需要以系统观念统筹谋划，以生育为例，十七部门联合发布的《关于进一步完善和落实积极生育支持措施的指导意见》，从优生优育服务、普惠托育服务、生育休假和待遇保障、住房税收、优质教育资源供给、就业环境等方面提出了二十条具体措施，形成了支持生育的政策合力。人在漫长的生命周期中存在着多样化的需求，促进人的全面发展，不仅需要关注人口问题本身，还需要关注人口发展的全过程，以满足人民群众日益增长的美好生活需要，进一步将人口高质量发展同人民高品质生活紧密结合起来。

第三，从长期均衡发展来看，促进人与自然和谐共生、实现中华民族永续发展是最高追求。当今世界，人口与生态环境和经济发展的矛盾仍然突出，有限的资源不能支撑无限增加的人口，也无法支持人口一味地索取。人与自然是生命共同体，我们需要保持适度人口总量和劳动力规模，坚持节约资源、保护自然与生态环境，推动技术进步和产业转型升级，走绿色循环发展的道路，以实现人口的长期均衡与可持续。

习近平总书记指出："我们最大的优势是我国社会主义制度能够集中力量办大事。这是我们成就事业的重要法宝。"[①]

---

① 习近平.习近平谈治国理政：第2卷［M］.北京：外文出版社，2017：273.

我国拥有其他国家无法企及的组织整合能力和资源配置能力，能够集中多方力量促进特定领域的发展，诸如实施结构性政策货币工具来配合减碳目标的达成、通过调动闲置土地资源等方式确保养老金系统的可持续运行等。在人口治理领域，我们有理由相信，我国特有的治理优势和治理资源能够促进人口长期均衡发展目标的实现。

第三节　落实新发展理念，充分发挥人口规模巨大的优势

一、利用人口规模优势，推动创新发展

创新是历史进步的动力、时代发展的关键，位居新时代"五大发展理念"之首。当今之世，一个国家走在世界发展前列，根本靠创新；一个民族屹立于世界民族之林，根本靠创新。我国作为幅员辽阔、拥有14亿多人口的发展中大国，巨大的人口规模为我国新时代的经济发展在动力、途径和方式上提供了可选择的空间和余地，有利于我国进一步积累创新型人力资本和资源、拓展新的经济增长点、提高市场进一步

细化和专业化的分工水平、促进已有产业结构转型升级，带来发展全局的深刻变革。

第一，规模巨大的人口提供了充足的人力资本规模和创新资源。一方面，我国劳动力资源依旧充足。2022年，我国劳动年龄人口有8.76亿人，根据预测，2035年我国劳动年龄人口规模约为8.08亿人，2050年依旧超过6亿人。与此同时，低龄老年人也会成为劳动力资源的补充。规模巨大的人口为不断的技术创新升级、产业结构调整提供了基本的劳动力保障。另一方面，我国劳动力素质不断提高。2021年，我国本科生毕业人数为428.10万人，研究生毕业人数为77.28万人，其中博士毕业人数为7.20万人。根据学者的推算，到2030年之后，成熟劳动年龄（25岁以上）人口中大学本科毕业生的比例将达到40%、研究生比例达到10%，平均受教育年限将达到14年以上。这表明在未来的经济发展中，高等教育的发展将提供更多高端人力资本和创新型人才，为创新发展提供更多资源。

第二，规模巨大的人口提供了承接产业升级、分工和转移的空间。从人口分布和城市化进程来看，中国城市群与都市圈建设持续提速，"19+2"城市群格局总体确立，并且各地区都拥有庞大的人口规模。2021年我国人口最多的省份是广东，其人口总数比日本总人口数还多出33万人；我国人口规模排名倒数第二的省份为青海，其总人口数比新加坡总人口数还要多 47 万人。如此规模巨大的人口保障了产业在国内区域间转移时有充足的劳动力投入。从人口流动来看，我国流动人口总量大幅扩增，从 2010 年的 2.21 亿人增加至 2020 年的 3.76 亿人。人口流动一方面重新配置了各地区的劳动力数量和质量，另一方面也能够更好地促进产业在地域间的转型与升级，为现代化的经济发展提供源源不断的动力。

第三，规模巨大的人口提供了银发经济等新经济增长点。根据《世界人口展望 2022》中方案预测数据，到 2054 年，我国 60 岁及以上老年人口规模和老龄化水平将翻一番，分别达到 5.2 亿人和 40% 以上，但是这个时期的一大显著特征便是低龄老龄化，60～69 岁低龄老年人口规模将从目前的 1.5 亿人增加到 2050 年的 2.1 亿人。目前，社交化、年轻化、智能化正成为银发经济的主要特征，那些健康尚可、有固定收入来源、有更多时间和更开放心态的老年人，将追求晚年幸福作为目标，在生活上讲求高品质，比如选择康养式旅居、使用智慧养老服务、入住养老社区等等。未来，培育银发经济是新时代老龄工作的重点之一，应加强对老龄产业的规划引导，构建文化、健康、宜居、服务、制造、金融等养老产业新业态，创新老龄社会背景下老龄产业新经济增长点。

二、关注人口子群体的需求，推动协调发展

"五大发展理念"把协调发展放在我国发展全局的重要位置，是对马克思主义关于协调发展理论的创造性运用，意味着在新时代的行进道路上，需要坚持统筹兼顾、综合平衡，正确处理发展中的重大关系，补齐短板、缩小差距，努力推动形成各区域各领域欣欣向荣、全面发展的景象。

在社会主义初级阶段的生产力背景下，巨大的人口规模背后是客观而持续的多维结构性差异，意味着每一个子群体也是规模巨大的，并且这些群体有着各自特殊的现代化要求，这极大地增加了协调实现现代化的难度。因此，必须充分预料到人口规模巨大的现代化过程中不同人口子群体特征的复杂性，关注不同人口子群体需求，以理顺发展关系、拓展发展空间、提升发展效能。

第一，在重度老龄化社会情形下实现的中国式现代化，要充分考虑和保障老年人的特殊现代化需求。中国式现代化不仅要满足年轻人的现代化需求，也要关照规模巨大的老年人特别是高龄老年人、失能半失能老年人的特殊现代化需求，尤其是慢病长寿时代的长期照护和精神需求，避免老年数字鸿沟和现代化"隔离"。

第二，在56个民族团结进步下实现的中国式现代

化，要充分考虑和保障不同文化的民族、不同发展水平的民族地区的特殊现代化需求。第七次全国人口普查数据显示，2020年全国人口中，少数民族人口为1.25亿人，占8.89%。中华民族是多元一体的伟大民族，中华民族共同体意识是民族团结之本，中国未来的发展需要兼顾不同文化、不同生活方式、不同发展水平下的多民族的需求，在维护民族团结的情况下分步骤分批次推进各民族共同现代化进程。

第三，在城市和农村一体化发展中实现的中国式现代化，要充分考虑不均衡发展的城市和不充分发展的乡村的特殊现代化需求。在实现中国式现代化的过程中，城镇化一直在不断推进，如何缩小城—城之间的发展差距、避免现有中心城市的虹吸效应，如何进一步破除城—乡二元体制、推进乡村振兴，都需要在推进现代化的过程中着力应对，从而真正做到提升人民群众生活的获得感、幸福感、安全感。

第四，在本地人和外地人相互融合中实现的中国式现代化，要充分考虑"在路上"的流动人口的特殊现代化需求。从一国经济发展的层面来看，人口大规模流动刺激了经济社会的活力并促进了城乡间差距的缩小。但从微观个体的层面来看，在推进现代化的过程中，流动人口的生存和发展需求并未完全得到满足，从在流入地的融入，到在流入地的生存、生活和生育，都需要从政策上破除其向本地人靠拢的壁垒，从而帮助外地人在主观心理上和客观现实中都顺利实现身份的过渡。

第五，男性和女性共同发展、个人和家庭追求美好生活中实现的中国式现代化，要充分考虑不同性别、不同婚姻状况群体的特殊现代化需求。平均婚育年龄推迟、家庭小型化、不婚不育人群日渐庞大是我国在现代化进程中出现的人口新特征。随着人们受教育年限的增长和自我意识的提高，中国几千年普婚普育的传统正在发生改变，社会风尚中重男轻女的观点也在不断弱化。在实现现代化的道路上，需要进一步关注不同性别和不同模式家庭的发展需求，关注两性关系与婚姻家庭领域的新变化，促进性别平等的家庭文化和社会文化，倡导新时代的婚育文化，形成健康和谐的现代化两性关系，构建生育友好型社会。

三、注重人与自然和谐共生，推动绿色发展

绿色发展理念是马克思主义生态文明理论同我国经济社会发展实际相结合的创新理念，是深刻体现新阶段我国经济社会发展规律的重大理念。习近平总书记强调："绿色发展是生态文明建设的必然要求，代表了当今科技和产业变革方向，是最有前途的发展领域。人类发展活动必须尊重自然、顺应

自然、保护自然"①。在实现人口规模巨大的现代化的道路上，必须做到人口发展、经济社会发展与生态环境保护协同共进。

保持适度的人口规模是实现绿色发展的基本支撑。有限的资源不能支撑无限增加的人口，社会经济系统也存在增长的边界，无论是一味的人口增长，还是片面的经济增长都不是发展的全部内容。在第二次世界大战结束后的最初 20 年内，各国经济发展顺利，人口不再是一个问题，但 70 年代的石油危机打破了盲目乐观的空气，"人口爆炸"等观点开始引起国际社会的注意，许多国家不顾资源保护、只追求经济发展的恶果也不断显现。有专家指出，可以用"资源环境约束下的适度人口"作为未来人口政策的重要参考，指的是在不损害区域环境质量和破坏资源永续利用的前提下，在能够充分满足人们对生活质量和人类发展目标的要求下，由构成人类生存和发展的所有物质条件和社会经济条件所共同决定的人口规模。根据测算，我国的人口资源环境形势在 2030 年之前仍比较严峻，水资源和生态林对人口的约束较为突出。人口是一个慢变量，保持适度的人口规模需要站在战略全局的发展高度上，准确把握生态文明建设规律的科学发展理念，提前布局，努力实现人口、资源与环境的可持续发展。

坚持践行绿色生产方式、生活方式是实现绿色发展的重

---

① 习近平. 习近平谈治国理政：第 2 卷［M］. 北京：外文出版社，2017：272.

要保障。根据相关统计：我国每年浪费粮食达3 500万吨，接近粮食总产量的6%，浪费掉的粮食可满足3.5亿人一年口粮的需要；我国塑料制品产量累计超过12亿吨，其中90%以上可能最终变成垃圾，我国仅生活垃圾源的填埋场内塑料垃圾体量可能在4亿吨以上……绿色的生产方式和生活方式不仅是口号，更应该是生活的具体实践，与绿色发展理念所提出的要求相比，我们在认知和行动上还有很大的提升空间。在生活理念方面，我们要提倡勤俭节约、绿色低碳、文明健康、适度消费。在具体行动方面，要做到摒弃浪费、节水节气、优先单车出行、拒绝一次性用品等，集合14亿多人口的力量，真正落实绿色发展人人有责、人人共享。

四、参考世界人口治理经验，推动开放发展

站在新的历史起点上，开放发展是准确把握国际国内发展大势的先进理念，为提高我国对外开放的质量和发展的内外联动性提供了行动指南。既立足国内，充分发挥我国资源、市场、制度等优势，又更好利用国际国内两个市场、两种资源，以开放促改革、促发展、促创新，与世界各国互利共赢、共享发展成果。在实现人口规模巨大的现代化道路上，我国并非孤立地发展：一方面，较早发生人口转变的国家长期积累的人口

治理经验，为我国解决人口问题提供了路径参照和决策参考；另一方面，我国规模巨大的人口治理和风险转化经验，对发展中国家和世界人口的健康发展也具有重要借鉴意义。

根据人口转变理论，随着经济社会的发展，人口再生产类型会从传统型（即高出生率、高死亡率和低自然增长率）实现向现代型（即低出生率、低死亡率和低自然增长率）的过渡。当今世界，低人口增速下的人口发展问题是中高收入国家的共同挑战：德国是1950年以来最早经历人口负增长的国家，自1973年起开始负增长；匈牙利经历的人口负增长时间最长，从1980年持续至2021年，40余年间总人口规模缩减近10%；位于亚洲的日本和韩国，也分别从2010年和2020年开启了人口负增长元年。我国目前已经进入低出生率、低死亡率、低自然增长率阶段，人口发展趋势符合世界人口发展的时代特征和内在规律，人口发展的突出表现为老龄化不断加剧、人口红利向下行走、生育水平持续降低和城镇化水平明显提高，未来人口还会保持快速少子化、加速老龄化和区域人口增减分化趋势。世界上较早发生了人口转变、正在或早已经历人口负增长和老龄化的国家为我国的人口治理提供了可参考的应对经验。

一方面，各国采取鼓励生育、移民等措施来缓解甚至阻碍人口负增长的到来。首先，为了鼓励生育，一些西方国家会为妇女和家庭提供医疗保健服务，帮助其实现理想的子女数量和生育间隔。其次,各国也重点关注家庭和工作的平衡,通过实施产假制度、采用弹性工作制、兴建托育机构等方式来促进就业领域的性别平等。再次,鼓励高素质、高技术水平移民迁入,通过加强社会服务、提供语言培训、完善法律法规等方式保障非本国国民的社会融入,也是各国应对人口负增长的重要举措。

另一方面,各国也会通过增加女性和老年人就业、产业升级、技术进步等措施来努力适应人口负增长带来的后果。提高老年人劳动参与率和女性劳动参与率也是各国政策的着力点。例如:日本、德国逐渐提高了获得退休福利的年龄,奥地利给雇佣老年员工的企业提供奖励,韩国通过制定一系列针对女性的就业优待机制让更多女性回归职场。各国还加快了产业升级和技术发展的步伐,比如德国在腾挪资源空间发展高端产业的同时,也在努力提升海外企业本土化的融合发展水平,以适应人口负增长时代的到来。

综上所述,践行开放发展理念,参考世界人口治理经验,有利于准确把握当今世界和我国发展大势,有利于用开放的眼光解决中国问题。但也要始终牢记,我国14亿多人口整体迈进现代化社会,规模超过现有发达国家人口的总和,艰巨性和复杂性前所未有,人口发展历程也呈现出中国特色。我国大约用30年便完成了部分欧洲国家经历了上百年的人口转变过程,"未备先老""未富先老""快负快老"的人口发展趋势也要求我国在经验借鉴的基础上走出一条中国式人口治理道路，才能在世界舞台上更好地交出中国答卷。

五、顺应人口发展时代规律，推动共享发展

人人共建、人人共享，是经济社会发展的理想状态。"五大发展理念"把共享作为发展的出发点和落脚点，指明发展价值取向，把握科学发展规律，顺应时代发展潮流，是充分体现社会主义本质和中国共产党宗旨、科学谋划人民福祉和国家长治久安的重要发展理念。我国在人口规模巨大的现代化道路上，要把握人口发展的内在规律和时代要求，坚持以人为本，推进社会公平正义，真正实现发展成果由14亿多人口共享。

步入新时代，人口发展不均衡已上升为我国人口发展的最主要矛盾。在新形势下，人口发展面临诸多由不均衡、不充分发展带来的挑战：人力资本积累不高成为释放人口红利的短板，城乡间收入、教育、健康水平的较大差异显示着区域均衡发展困境，人民群众"不愿生、不敢生"问题突出，老年人群日益增长的健康养老、多元养老服务需求尚未充分满足，等等。人口发展不均衡、不充分的问题需要在共享发展的过程中逐渐化解。

第一，要以推进社会公平正义为前提，抓住"创造更加公

平正义的社会环境"这个关键和要害。共享发展要求我国14亿多人口人人参与、人人尽力、人人享有,这样的发展状态是以社会公平正义为前提的。在人口发展过程中,要尽力解决生育观念上的重男轻女、流动人口社会保障和社会融入不足、就业领域的女性歧视等影响社会公平正义实现的问题,尽力破除制度和实践上的壁垒,保障人民平等参与和平等发展权利。

第二,要以推进扶贫脱贫、缩小收入差距为抓手。当前,我国已经消除绝对贫困、全面建成小康社会,但相对贫困仍将长期存在。在乡村振兴战略框架下,要将针对绝对贫困的脱贫攻坚举措逐步调整为针对相对贫困的日常性帮扶措施,继续推动脱贫地区发展和乡村全面振兴,推进城镇化建设,缩小城乡之间的发展差距,破除过去重城市轻农村的发展观念。在此基础上,还要乘势而上,不断缩小收入差距。2022年,我国的基尼系数约为0.47,国际上一般将0.4作为收入分配差距的警戒线,我国目前的居民收入差距还比较大,这直接影响到社会公平的实现,也间接影响到人们现实生活中的生育、就业和养老等观念。

第三,要以推进区域、城乡基本公共服务均等化为保障。基本公共服务作为党和政府为满足人民群众共同需求而提供的、使社会成员共同受益的各种服务,必须坚持普惠性、保基本、均等化、可持续的发展方向。全面推进优生优育与儿童健康、教育、就业保障、公共卫生和医疗保险、养老保障、住房租房、社会救助等服务的均等化实现,是推进人口共享发展的应有之义。

第四,要以逐步推进共同富裕为最终目标。共享需要共建,共建为了共享,从共享走向共同富裕是一个需要全体人民共同努力的长期过程。习近平总书记指出:"国家建设是全体人民共同的事业,国家发展过程也是全体人民共享成果的过程。"①14亿多人口聚集起来就是社会共建的磅礴力量,引导规模巨大的人口共同参与社会建设,在全社会营造人人参与、人人尽力、人人享有的良好环境,才能厚植发展优势、凝聚发展伟力、提升发展境界。

第四节 坚持走中国式现代化道路,全面建设社会主义现代化强国

一、把握人口发展的中国特色,走中国式人口发展道路

随着我国整体迈入新发展阶段,我国人口发展也进入

---

① 习近平. 在庆祝"五一"国际劳动节暨表彰全国劳动模范和先进工作者大会上的讲话[M].北京:人民出版社,2015:7.

了新阶段。党的十八大以来，以习近平同志为核心的党中央高瞻远瞩、运筹帷幄，对新时代人口工作提出了一系列科学判断，作出了一系列重大部署，推动我国人口工作迈上了新台阶，为做好新时代人口工作指明了方向，提供了遵循。

党的十八大以来，我国的人口工作不断开辟新境界，取得新成效，人口发展态势得到了改善。第七次全国人口普查数据显示，2020年全国出生人口中，二孩及以上占比由政策调整前的35%左右提高到55%以上，鼓励生育的政策成效卓著。出生人口性别比从2010年的118降至2020年的111左右，逐步趋于正常水平。居民人均预期寿命由2010年的74.83岁提高到2020年的77.93岁，人民健康水平得到有效提高。

近年来，在新发展格局的构建中，人口发展的重要性提升到更高层面。我国庞大的人口规模、不断提升的人口质量是构建新发展格局的基础性条件，人口要素重要性的提升要求我们将优化人口发展格局作为加快形成新发展格局的关键举措。国家统计局数据显示，2021年末全国总人口为14.13亿人，15~64岁人口9.63亿人，占比68.6%；联合国《世界人口展望2022》显示，2021年末发达国家总人口为12.76亿人，15~64岁人口8.20亿人，占比64.29%。根据2022年的相关人口资料，中国人口约是美国人口的4.26倍、欧盟的3.16倍、俄罗斯的9.75倍、日本的11.21倍。我国巨大的人口数量蕴藏着巨大的力量。与此同时，作为人力资本最核心的要素的受教育水平和健康水平的不断提升，也为我国实现高质量发展奠定了基础。

当前的人口条件下，我们可以形成超大规模市场、超大规模经济体，我们比历史上任何时期都更加接近实现中华民族伟大复兴的宏伟目标。我们也必须把握人口是慢变量的本质，人口事件是长周期事件，人口发展有自身的规律性，人口现象演变为人口问题具有一定的时间滞后性。经验证明，必须走中国式人口现代化道路，基于世界人口发展规律和我国特色的人口国情，从经济社会全局高度和国家中长期发展层面谋划人口工作，着力提高人口整体素质，努力保持适度生育水平和人口规模，加快塑造素质优良、总量充裕、结构优化、分布合理的现代化人力资源，以人口高质量发展支撑中国式现代化。

二、全面推进健康中国建设，完善人民健康促进政策

走中国式人口发展道路，全面实现人口规模巨大的现代化，要扎实推进健康中国建设，把保障人民健康放在优先发展的战略位置，完善人民健康促进政策。

中共中央、国务院印发的《"健康中国2030"规划纲要》将推进健康中国建设具象化为七个方面的任务，其主要内容包括：（1）普及健康生活。加强健康教育，塑造自主自律的健康行为，提高全民身体素质。（2）优化健康服务。强化覆盖全民的公共卫生服务，提供优质高效的医疗服务，充分发挥中医药独特优势，加强重点人群健康服务。（3）完善健康保障。健全医疗保障体系，完善药品供应保障体系。（4）建设健康环境。深入开展爱国卫生运动，加强影响健康的环境问题治理，保障食品药品安全，完善公共安全体系。（5）发展健康产业。优化多元办医格局，发展健康服务新业态，积极发展健身休闲运动产业，促进医药产业发展。（6）健全支持和保障。深化体制机制改革，加强健康人力资源建设，推动健康科技创新，建设健康信息化服务体系，加强健康法治建设，加强国际交流合作。（7）强化组织实施。加强组织领导，营造良好社会氛围，做好实施监测。

在党的二十大报告中，党中央对于全面推进健康中国建设也提出了新的要求：（1）深化医药卫生体制改革，促进医保、医疗、医药协同发展和治理。（2）促进优质医疗资源扩容和区域均衡布局，坚持预防为主，加强重大慢性病健康管理，提高基层防病治病和健康管理能力。（3）深化以公益性为导向的公立医院改革，规范民营医院发展。（4）发展壮大医疗卫生队伍，把工作重点放在农村和社区。（5）重视心理健康和精神卫生。（6）促进中医药传承创新发展。（7）创新医防协同、医防融合机制，健全公共卫生体系，提高重大疫情早发现能力，加强重大疫情防控救治体系和应急能力建设，有效遏制重大传染性疾病传播。（8）深入开展健康中国行动和爱国卫生运动，倡导文明健康生活方式。

习近平总书记强调："现代化最重要的指标还是人民健康，这是人民幸福生活的基础。"[1]随着经济社会发展水平和人民生活水平不断提高，人民群众更加重视生命质量和健康安全，健康促进政策需要呈现多样化、差异化的特点。把保障人民健康放在优先发展的战略位置，加快形成有利于健康的生活方式、生产方式、经济社会发展模式和治理模式，努力全方位全周期保障人民健康，我们就一定能为实现第二个百年奋斗目标、实现中华民族伟大复兴的中国梦打下坚实健康基础。

三、建立生育支持政策体系，优化人口均衡发展战略

走中国式人口发展道路，全面实现人口规模巨大的现代

---

[1] 杜尚泽，颜珂，张晓松，等."这里的山山水水、一草一木，我深有感情"：记"十四五"开局之际习近平总书记赴福建考察调研［N］.人民日报，2021-03-27（1）.

化，要抓紧建立生育支持政策体系，完善配套支持措施，不断优化人口均衡发展战略。

国务院印发的《国家人口发展规划（2016—2030年）》从以下五个方面阐述了实施人口均衡发展战略的主要着力点：

第一，要延续人口总量势能优势，推动实现适度生育水平。适度生育水平是维持人口良性再生产的重要前提。要针对人口变动态势，做好超前谋划和政策储备，健全生育服务和家庭发展支持体系，引导生育水平提升并稳定在适度区间，保持和发挥人口总量势能优势，促进人口自身均衡发展。

第二，要注重人口与经济良性互动，增加劳动力有效供给。综合应对劳动年龄人口总量下降和结构老化趋势，全面提升劳动力质量，挖掘劳动力供给潜能，加强与就业政策和劳动力市场建设的有机衔接，为经济社会发展提供有效人力资本支撑。

第三，要促进人口与资源环境永续共生，优化人口空间布局。推动城乡人口协调发展，完善以城市群为主体形态的人口空间布局，促进人口分布与国家区域发展战略相适应，引导人口有序流动和合理分布，实现人口与资源环境永续共生。

第四，要推动人口与社会和谐共进，促进重点人群共享发展。老年人、妇女、儿童、残疾人和贫困人口，是人口发展中必须特别关注的重点人群。要构建管长远的制度框架，制定有针对性的政策措施，创造条件让重点人群共享发展成果，促进社会和谐与公平正义。

第五，要完善人口与发展综合决策机制，保障规划目标和任务顺利完成。人口发展并非一蹴而就，需要结合有关部门和各级组织力量开展具体工作，切实做好人口基础信息的采集和统计，强化人口数据支撑，建立人口预测预报制度，开展重大决策人口影响评估，在加强组织领导的过程中健全规划实施机制。

当前，我国促进人口长期均衡发展的首要任务是优化生育政策。2021年6月，中共中央、国务院印发《关于优化生育政策促进人口长期均衡发展的决定》，提出了组织实施好三孩生育政策、提高优生优育服务水平、发展普惠托育服务体系、降低生育教育养育成本等具体任务，争取到2025年，积极生育支持政策体系基本建立，服务管理制度基本完备，到2035年，促进人口长期均衡发展的政策法规体系更加完善，服务管理机制运转高效，生育水平更加适度，人口结构进一步完善。

四、实施积极应对人口老龄化国家战略

走中国式人口发展道路，全面实现人口规模巨大的现代化，要继续实施积极应对人口老龄化国家战略，发展养老事

业和养老产业，优化孤寡老人服务，推动实现全体老年人享有基本养老服务。

党的十八大以来，习近平总书记对积极应对人口老龄化作出了一系列重要指示批示，党中央作出了一系列部署安排，制定了国家积极应对人口老龄化中长期规划，为实施积极应对人口老龄化国家战略提供了根本遵循。2019年11月，中共中央、国务院印发了《国家积极应对人口老龄化中长期规划》，从五个方面部署了应对老龄化工作的具体任务：

第一，夯实应对人口老龄化的社会财富储备。通过扩大总量、优化结构、提高效益，实现经济发展与人口老龄化相适应。通过完善国民收入分配体系，优化政府、企业、居民之间的分配格局，稳步增加养老财富储备。健全更加公平更可持续的社会保障制度，持续增进全体人民的福祉水平。

第二，改善人口老龄化背景下的劳动力有效供给。通过提高出生人口素质、提升新增劳动力质量、构建老有所学的终身学习体系，提高我国人力资源整体素质。推进人力资源开发利用，实现更高质量和更加充分就业，确保积极应对人口老龄化的人力资源总量足、素质高。

第三，打造高质量的为老服务和产品供给体系。积极推进健康中国建设，建立和完善包括健康教育、预防保健、疾病诊治、康复护理、长期照护、安宁疗护的综合、连续的老年健康服务体系。健全以居家为基础、社区为依托、机构充分发展、医养有机结合的多层次养老服务体系，多渠道、多领域扩大适老产品和服务供给，提升产品和服务质量。

第四，强化应对人口老龄化的科技创新能力。深入实施创新驱动发展战略，把技术创新作为积极应对人口老龄化的第一动力和战略支撑，全面提升国民经济产业体系智能化水平。提高老年服务科技化、信息化水平，加大老年健康科技支撑力度，加强老年辅助技术研发和应用。

第五，构建养老、孝老、敬老的社会环境。强化应对人口老龄化的法治环境，保障老年人合法权益。构建家庭支持体系，建设老年友好型社会，形成老年人、家庭、社会、政府共同参与的良好氛围。

2020年10月，党的十九届五中全会通过的《中共中央关于制定国民经济和社会发展第十四个五年规划和二〇三五年远景目标的建议》首次在党的全会文献中提出"实施积极应对人口老龄化国家战略"。2021年11月，中共中央、国务院印发了《关于加强新时代老龄工作的意见》，进一步从健全养老服务体系、完善老年人健康支撑体系、促进老年人社会参与、着力构建老年友好型社会、积极培育银发经济、强化老龄保障工作等方面，强调走出一条中国特色积极应对人口老龄化道路。在党的二十大报告中，党中央也继续强调了实施积极应对人口老龄化国家战略。

有效应对人口老龄化，事关国家发展全局，事关亿万百姓福祉，事关社会和谐稳定，对于全面建设社会主义现代化国家具有重要意义。新征程上，要凝心聚力、积极谋划、主动作为，汲取各方面经验教训，及时应对、科学应对、综合应对，通过推动新时代老龄事业高质量发展来支撑人口的高质量发展。

参考文献

[1] 陈曙光. 走中国式现代化的历史必由之路 [EB/OL].（2022-09-13）[2023-02-20]. http：//www.qstheory.cn/dukan/hqwg/2022-09/13/c_1128998427.htm.

[2] 庄解忧. 英国工业革命时期人口的增长和分布的变化 [J]. 厦门大学学报（哲学社会科学版），1986（3）：89-97.

[3] 路遇，翟振武. 新中国人口六十年 [M]. 北京：中国人口出版社，2009.

[4] 王培安. 中国共产党对人口发展的探索与实践 [J]. 人口研究，2021，45（5）：3-9.

[5] 韩桥生. 中国式现代化与资本主义现代化的显著区别 [J]. 思想政治工作研究，2022（6）：23-26.

[6] 杨志伟. "精准扶贫不落一人"：十八洞村脱贫评估表 [J]. 党建，2022（2）：64.

[7] 宋健. 从约束走向包容：中国生育政策转型研究 [J]. 华中科技大学学报（社会科学版），2021，35（3）：86-91，106.

[8] 刘卓，王学义. 生育变迁：1949～2019年中国生育影响因素研究 [J]. 西北人口，2021，42（1）：107-116.

[9] 张翠玲，刘鸿雁，王晓峰. 中国1970年以来二孩生育间隔变动及影响因素分析 [J]. 人口研究，2016，40（1）：69-86.

[10] 王培安. 论全面两孩政策 [J]. 人口研究，2016，40（1）：3-7.

[11] 翟振武，陈佳鞠，李龙. 中国出生人口的新变化与趋势 [J]. 人口研究，2015，39（2）：48-56.

[12] 侯佳伟，顾宝昌，张银锋.子女偏好与出生性别比的动态关系：1979—2017[J].中国社会科学，2018（10）：86-101，206.

[13] 林万孝.我国历代人的平均寿命和预期寿命[J].生命与灾祸，1996（5）：27.

[14] 游金生.从广西生命统计史料看解放前我国人均寿命[J].人口研究，1991（1）：35-37.

[15] 赵锦辉.1949年前近40年中国人口死亡水平和原因分析[J].人口研究，1994（6）：33-38.

[16] 任强，游允中，郑晓瑛，等.20世纪80年代以来中国人口死亡的水平、模式及区域差异[J].中国人口科学，2004（3）：19-29.

[17] 宋健.人口统计学[M].北京：中国人民大学出版社，2019.

[18] 李洪河.新中国卫生防疫体系是怎样建立起来的[J].档案春秋，2020（5）：10-14.

[19] 杨燕绥，刘懿.全民医疗保障与社会治理：新中国成立70年的探索[J].行政管理改革，2019（8）：4-12.

[20] 原新，邬沧萍，李建民，等.新中国人口60年[J].人口研究，2009，33（5）：42-67.

[21] 段成荣，吕利丹，王涵，等.从乡土中国到迁徙中国：再论中国人口迁移转变[J].人口研究，2020，44（1）：19-25.

[22] 王道勇，郏彦辉.改革以来中国流动人口管理理念变迁及发展趋势[J].城市观察，2011（5）：44-52.

[23] 段成荣，邱玉鼎，黄凡，等.从657万到3.76亿：四论中国人口迁移转变[J].人口研究，2022，46（6）：41-58.

[24] 李学林.大国效应与我国经济增长[J].现代经济探讨，2015（2）：16-18，82.

[25] 睢党臣，程旭，吴雪.人口结构转变、人口红利与经济增长：基于中日两

国的比较 [J]. 经济体制改革，2020（5）：156-163.

[26] 原新，高瑗. 改革开放以来的中国经济奇迹与人口红利 [J]. 人口研究，2018，42（6）：3-14.

[27] 原新，金牛. 中国人口红利的动态转变：基于人力资源和人力资本视角的解读 [J]. 南开学报（哲学社会科学版），2021（2）：31-40.

[28] 王紫，王潇. 中国的人口结构、人口红利与高储蓄率：基于劳动经济学角度的高储蓄率问题研究 [J]. 人力资源管理，2015（7）：22-23.

[29] 何剑，周静. 人口结构变动对居民消费影响的多维考察 [J]. 新疆农垦经济，2018（8）：79-85.

[30] 罗奇. 高储蓄率使得中国经济韧性十足 [J]. 中国总会计师，2017（8）：9.

[31] 金英君. 人口老龄化背景下我国人口结构特征对产业结构优化升级的影响研究 [J]. 科学决策，2018（11）：1-17.

[32] 杨成钢，孙晓海. 老年人口影子红利与中国经济增长 [J]. 人口学刊，2020，42（4）：30-41.

[33] 杨菊华，卢瑞鹏. 性别红利：理论意涵、基本特征与社会效应 [J]. 山东社会科学，2021（3）：51-59.

[34] 许漾方. 论人口素质对经济发展的促进作用 [J]. 武汉职业技术学院学报，2012，11（5）：48-53.

[35] 原新，金牛. 新型人口红利是经济高质量发展的动力源 [J]. 河北学刊，2021，41（6）：109-116.

[36] 焦乃沺. 论人口素质与经济增长的关系 [J]. 统计与管理，2014（4）：163-164.

[37] 杜鹏，李龙. 新时代中国人口老龄化长期趋势预测 [J]. 中国人民大学学报，2021，35（1）：96-109.

[38] 陈卫. 中国人口负增长与老龄化趋势预测 [J]. 社会科学辑刊，2022（5）：133-144.

[39] 周钟进.中国城镇医疗保险制度应对人口老龄化问题与解决路径[J].中国卫生事业管理,2005(9):568-569.

[40] 张桂莲,王永莲.中国人口老龄化对经济发展的影响分析[J].人口学刊,2010(5):48-53.

[41] 齐传钧.人口老龄化对经济增长的影响分析[J].中国人口科学,2010(S1):54-65.

[42] 杨雪,侯力.我国人口老龄化对经济社会的宏观和微观影响研究[J].人口学刊,2011(4):46-53.

[43] 胡鞍钢,刘生龙,马振国.人口老龄化、人口增长与经济增长:来自中国省际面板数据的实证证据[J].人口研究,2012,36(3):14-26.

[44] 蔡昉.未来的人口红利:中国经济增长源泉的开拓[J].中国人口科学,2009(1):2-10,111.

[45] 段成荣,黄凡,毕忠鹏.关于各民族共同走向人口现代化的研究[J].中央民族大学学报(哲学社会科学版),2022,49(3):117-127.

[46] 段成荣,梁宏.我国流动儿童状况[J].人口研究,2004(1):53-59.

[47] 杨菊华.空间理论视角下老年流动人口的社会适应[J].社会学研究,2021,36(3):180-203,229-230.

[48] 杨菊华,何炤华.社会转型过程中家庭的变迁与延续[J].人口研究,2014,38(2):36-51.

[49] 王跃生.社会变革中的家庭代际关系变动、问题与调适[J].中国特色社会主义研究,2019(3):79-87.

[50] 丁怡婷,王洲,宜翔,等.党的二十大代表热议:以中国式现代化全面推进中华民族伟大复兴[N].人民日报,2022-10-21(1).

[51] 中共中央关于党的百年奋斗重大成就和历史经验的决议[M].北京:人民出版社,2021.

[52] 习近平.在全国抗击新冠肺炎疫情表彰大会上的讲话[EB/OL].(2020-09-08)

[2023-01-22].http：//www.qstheory.cn/qshyjx/2020-09/08/c_1126468086.htm.

[53] 中国共产党第十九届中央委员会第六次全体会议公报[R/OL].（2021-11-11）[2023-01-22].http：//www.gov.cn/xinwen/2021-11/11/content_5650329.htm.

[54] 习近平.高举中国特色社会主义伟大旗帜 为全面建设社会主义现代化国家而团结奋斗：在中国共产党第二十次全国代表大会上的报告[N].人民日报，2022-10-26（1）.

[55] 梁伟.论"以人民为中心"思想的生成逻辑[J].社会主义研究，2020（1）：54-59.

[56] 中华人民共和国宪法[M].北京：人民出版社，2018.

[57] 杨谦，张婷婷.对"人民群众是历史的创造者"原理的再理解[J].思想理论教育导刊，2020（1）：26-32.

[58] 习近平.在第十三届全国人民代表大会第一次会议上的讲话[M].北京：人民出版社，2018.

[59] 王增杰.深刻理解坚持以人民为中心的发展思想[J].人民论坛，2016（11）：31-33.

[60] 骆郁廷，付玉璋.人民至上与资本至上：中西核心价值的本质对立及其经济根源[J].中国高校社会科学，2023（1）：62-71，158-159.

[61] 董振华，田辉.论坚持人民至上的历史演进、理论逻辑和实践要求[J].中共杭州市委党校学报，2023（1）：12-22.

[62] 杨承训.从历史比较维度深化认识经济社会发展规律[J].社会科学辑刊，2023（1）：105-114，238，241.

[63] 陆杰华，王金营，杜鹏，等.优化人口发展战略，助力中国式现代化笔谈[J/OL].（2023-01-17）[2023-01-27].https：//kns.cnki.net/kcms/detail//11.1115.F.20230116.1424.001.html.

[64] 王培安.科学把握人口发展规律 促进新时代人口均衡发展[J].健康中国观察，2021（11）：28-31.

[65] 赛明明，谢永飞，王鹏. 基于我国人口管理体制创新的大部制改革新思路 [J]. 前沿，2016（6）：85-91.

[66] 中共国家卫生健康委党组. 谱写新时代人口工作新篇章 [EB/OL].（2020-09-08）[2023-01-22]. http：//www.qstheory.cn/qshyjx/2020-09/08/c_1126468086.htm.

[67] 中共中央关于全面深化改革若干重大问题的决定 [EB/OL].（2013-11-15）[2023-01-27]. http：//www.scio.gov.cn/zxbd/nd/2013/Document/1374228/1374228.htm.

[68] 中共中央关于坚持和完善中国特色社会主义制度 推进国家治理体系和治理能力现代化若干重大问题的决定 [EB/OL].（2019-11-05）[2023-01-27]. http：//www.gov.cn/zhengce/2019-11/05/content_5449023.htm.

[69] 胡湛，彭希哲. 治理转型背景下的中国人口治理格局 [J]. 人口研究，2021，45（4）：3-17.

[70] 费孝通. 乡土中国 [M]. 北京：作家出版社，2019.

[71] 陆杰华，汪斌. "中国之治"时代下人口研究的定位、支撑及其使命 [J]. 中共中央党校（国家行政学院）学报，2020，24（4）：122-129.

[72] 关于优化生育政策促进人口长期均衡发展的决定 [EB/OL].（2021-07-20）[2023-01-30]. http：//www.gov.cn/zhengce/2021/07/20/content_5626190.htm.

[73] 国务院发展研究中心课题组. 认识人口基本演变规律 促进我国人口长期均衡发展 [J]. 管理世界，2022，38（1）：1-19，34，20.

[74] 关于进一步完善和落实积极生育支持措施的指导意见 [EB/OL].（2022-08-16）[2023-01-30]. http：//www.gov.cn/zhengce/zhengceku/2022-08/16/content_5705882.htm.

[75] 王金营，刘艳华. 经济发展中的人口回旋空间：存在性和理论架构：基于人口负增长背景下对经济增长理论的反思和借鉴 [J]. 人口研究，2020，44（1）：3-18.

[76] 李月，张许颖. 我国"十四五"时期及中长期人口发展态势分析 [J]. 人口与健康，2020（8）：41-47.

[77] 蒋正华.人口与可持续发展 [J].中国人口·资源与环境，1995（2）：12-17.

[78] 童玉芬，王静文，梁钊.资源环境约束下的中国适度人口研究 [J].人口研究，2016，40（2）：3-11.

[79] 关于印发《国家基本公共服务标准（2021年版）》的通知 [EB/OL].（2021-04-20）[2023-02-01].http：//www.gov.cn/zhengce/zhengceku/2021-04/20/content_5600894.htm.

[80] 穆光宗，侯梦舜，郭超，等.论人口规模巨大的中国式现代化：机遇、优势、风险与挑战 [J].中国农业大学学报（社会科学版），2023，40（1）：5-22.

[81] 中共中央 国务院印发《"健康中国2030"规划纲要》[EB/OL].（2016-10-25）[2023-02-02].http：//www.gov.cn/zhengce/2016-10/25/content_5124174.htm.

[82] 国务院关于印发国家人口发展规划（2016—2030年）的通知 [EB/OL].（2017-01-25）[2023-02-03].http：//www.gov.cn/zhengce/content/2017-01/25/content_5163309.htm.

[83] 国务院关于印发"十四五"国家老龄事业发展和养老服务体系规划的通知 [EB/OL].（2022-02-21）[2023-02-03].http：//www.gov.cn/zhengce/content/2022-02/21/content_5674844.htm.

[84] 中共中央 国务院印发《国家积极应对人口老龄化中长期规划》[EB/OL].（2019-11-21）[2023-02-03].http：//www.gov.cn/xinwen/2019-11/21/content_5454347.htm.

[85] 李龙.积极应对老龄化 [N].人民日报，2023-01-19（5）.

后　记

虽然我国的人口发展面临着新变化和新特征，但毋庸置疑的是，人口规模巨大的基本国情没有变，并将贯穿中国式现代化的全过程。对人口规模巨大这一中国式现代化的首要特征进行全面、系统、深入的梳理和剖析，是我们科学认识中国式现代化的重要窗口，也是加快构建新时代中国特色哲学社会科学学科体系的应有之义。感谢中国人民大学习近平新时代中国特色社会主义思想研究院的信任，给予我这次宝贵的机会参与"中国式现代化的鲜明特色研究系列"丛书的编写。对于我个人来说，此次撰稿更是一次深入理解习近平新时代中国特色社会主义思想，提升理论和实践融合度的珍贵学习机会。

对于本书的成稿，首先要感谢中国人民大学习近平新时代中国特色社会主义思想研究院院长、马克思主义学院秦宣教授和马克思主义学院副院长陶文昭教授对本书框架结构提出的宝贵意见，由衷感谢中国人民大学人口与发展研究中心主任翟振武教授在书稿写作过程中给予我的鼓励、帮助和专业指导。此外，还要感谢中国人民大学经济学院赵峰教授、中央财经大学社会与心理学院张现苓副教授为本书提供的专业支持和鼎力协助，感谢中国人民大学习近平新时代中国特色社会主义思想研究院侯新立副院长和其他工作人员对本书出版的关心和帮助。

感谢中国人民大学金光照同学、张芷凌同学、钟雨奇同学、黄静怡同学、郑淳同学在本书的资料收集、撰稿和校对过程中付出的辛勤努力，本书的成稿离不开你们的支持和付出。

其实，将人口规模巨大的中国式现代化这一宏大议题言之有物地呈现是十分困难的，这也是本书在撰写过程中遇到的最大难题，并且随着写作的深入，我也越发觉得很难通过薄薄一册将具体内容详尽呈现。所以本书主要从人口学的思路切入，沿袭中国人口的发展脉络，撷取新时代人口领域的核心关切，来尽力描绘人口规模巨大的中国式现代化的图景，希望能够帮助读者对中国式现代化的首要特征有最基本的认识和了解。对于本书的不足之处，欢迎读者批评指正。

图书在版编目（CIP）数据

人口规模巨大的中国式现代化/陶涛著.—北京：中国人民大学出版社，2024.1
（中国式现代化的鲜明特色研究系列/张东刚，林尚立总主编）
ISBN 978-7-300-31876-9

Ⅰ.①人… Ⅱ.①陶… Ⅲ.①人口控制－研究－中国②现代化建设－研究－中国 Ⅳ.① C924.23 ② D61

中国国家版本馆 CIP 数据核字（2023）第 124463 号

中国式现代化的鲜明特色研究系列
总主编　张东刚　林尚立
人口规模巨大的中国式现代化
陶涛　著
Renkou Guimo Juda de Zhongguoshi Xiandaihua

出版发行	中国人民大学出版社			
社　址	北京中关村大街 31 号		邮政编码	100080
电　话	010-62511242（总编室）		010-62511770（质管部）	
	010-82501766（邮购部）		010-62514148（门市部）	
	010-62515195（发行公司）		010-62515275（盗版举报）	
网　址	http://www.crup.com.cn			
经　销	新华书店			
印　刷	唐山玺诚印务有限公司			
开　本	890 mm × 1240 mm　1/32		版　次	2024 年 1 月第 1 版
印　张	7　插页 2		印　次	2025 年 5 月第 5 次印刷
字　数	125 000		定　价	35.00 元

版权所有　侵权必究　印装差错　负责调换